Ⓢ新潮新書

森 暢平
MORI Yohei

天皇家の財布

018

新潮社

はじめに――情報公開法で「天皇家の財布」を検証する

「天皇夫妻の地方旅行では飛行機や新幹線を利用するけれど、費用はどうやって払うのだろうか」「宮中晩餐会の食材はどこで仕入れるのか」――。一九九五年から九七年まで、私が毎日新聞の宮内庁担当記者を務めた時、読者からこんな質問を受けた。

皇室関連の書籍は多い。だが、皇室経済に目を向けた本は少なく、右の疑問に答える記述はほとんどない。特に、内廷費《ないてい》（天皇家の生活費など）については「プライバシーに関わるとして宮内庁は詳しく説明していない」と簡単に済ます本が多い。

理由は二つあると思う。

一つは「天皇家の財布」を扱うことに対する遠慮である。戦後すぐの国会では、内廷費についてもある程度論じられており、少なくとも「詳しく説明していない」ということではない。しかし、タブーの意識が、皇室経済に目を向けることを阻んできた。

もう一つは資料の制約である。宮内庁の予算担当者は毎年一二月ごろ、記者クラブ（宮内記者会）に対し、次年度予算案を説明する。紙一枚に予算の内訳を簡単に記したものが配られるだけで、支出の詳細はさっぱり分からない。担当部局に追加取材をしてみても、「天皇、皇族の金銭に関わることは、詳しい説明をしない」と頑なな宮内庁職員が多く、単に金額をつかむだけでも一苦労だった。

皇室というテーマは奥深い。天皇制は日本人の深層心理に根差していて、雲をつかみ切れない感じがある。

加えて新聞社自身が天皇制の枠の中にいて客観報道がしにくい。皇族の結婚、出産、健康……と冠婚葬祭に集中する従来の報道とは違う視点がないかと考えて、当時、私は「予算から定量的に皇室を分析したらどうだろう」と思いついた。けれども実際に取材を始めると、データがまったく不足していた。

情報公開制度が議論になっていたのは、ちょうどそのころだ。

戦前の日本には、「臣民」の上に天皇が君臨する構造があった。皇室について宮内省（当時）に説明責任はなく、天皇制は菊のカーテンに守られていた。

情報公開制度はまったく逆の理念に基づく。国民の代表が政府を運営し、納税者が情報公開を利用して政府をチェックする。皇室、宮内庁といえども、税金が使われている以上、制度の例外ではあり得ない。情報公開法の制定によって、かつて「皇室の臣民」だった日本人が、より身近な「国民の皇室」をつくれるようになれる――。

本書は、二〇〇一年四月、情報公開法が施行されたのを機に、宮内庁担当だった時にやり残した仕事に再挑戦したものである。その後、会社を移り、今は米国ワシントンで記者をしている。インターネット時代になったことで、距離的な制約を軽減しながら本をまとめることができた。

情報公開法に基づき私が行政文書の開示を請求したのは一七三件で、部分公開を含め一九一件の文書が開示され、五件が全面不開示だった。重要な部分が墨塗りになっている資料も多いが、何もなかった時と比べると、画期的な前進だ。皇室経済は確実に論じやすくなっている。

そんな大上段に構えなくても、この本がきっかけになって「天皇家の財布」を見ながら皇室のあり方に関心を持つ人が増えればと願う。

天皇家の財布・目次

序章　四つの財布——皇室予算の全容

皇室≒個人事業主

経費の「公」「私」の区別という点で、皇室は個人事業主と似た会計処理をしている。

小さな会社を経営する夫婦が、取引先の友人と打ち合わせでレストランに行ったとしよう。これを「会議」と捉えれば、この費用は会社の経費とすることもできる。しかし、打ち合わせは数分で、ビールを飲みながら食事を楽しむのが主だとしたら、夫婦はポケットマネーで払う必要がある。個人事業主は、経費の公私の別を常に判断している。そして、時として曖昧だ。

皇室でも同じような微妙さがある。例えば、ベルギーのフィリップ皇太子夫妻は二〇〇二年六月、サッカー・ワールドカップ（W杯）観戦のために私的に来日し、皇太子夫妻との午餐のため、東宮御所を訪れた。この費用は皇太子夫妻がポケットマネーで支払った。だが、ベルギー皇太子夫妻の来日に少しでも公的な性格があれば、公費からの出費になる。皇室でも、一つひとつの出費に公私の判断がつきまとうのだ。

公的な宮廷費

天皇、皇族の活動のために「皇室費」という予算項目がある。これはさらに、宮廷費、内廷費、皇族費の三つに分類される。宮廷費がオフィシャル（公的）マネーで、内廷費、皇族費がプライベート（私的）マネーである。

宮廷費は、皇室の公的な活動に使われる。一般の役所の予算と同じで、毎年、金額が変わる。二〇〇三年度予算では、六三億六一九三・三万円。

国賓を招く宮中晩餐会、著名人らを招く園遊会、国民体育大会（国体）や全国植樹祭への地方訪問……などが、支出項目として思い浮かぶだろう。他に宮殿の補修、皇居の庭園整備など土木・建設費も含まれる。支出の範囲は想像以上に広い。

内廷費、皇族費は「御手元金」

内廷費は、生活費を含む天皇家の私的費用だ。天皇家とは、天皇陛下、美智子さま、皇太子さま、雅子さま、愛子（敬宮《としのみや》）さま、紀宮さまの六人を指す。内廷費は定額制で一九九六年度以降三億二四〇〇万円。

大雑把な言い方だが、天皇家へのサラリーと考えると分かりやすい。国の予算ではあるが、天皇家に渡った後は私的な費用となる。その点で国家公務員の給与と同じだ。美智子さまのピアノの修理代、皇太子さまの山登り用品代、愛子さまのベビーカー代……などが内廷費から支出される。

皇族費は、天皇家以外の宮家のプライベートな費用である。宮家には、秋篠宮、常陸宮、高松宮、三笠宮、寛仁親王、桂宮、高円宮の七家があり、計一八人の皇族がいる。秋篠宮家五一八五万円、常陸宮家四五七五万円……と家族の人数と構成によって金額が変わる。二〇〇三年度の総額は二億九七六八万円。

内廷費と同じように、宮家皇族へのサラリーと捉えると理解しやすい。実際は内廷費と性格が微妙に異なるが、後に詳しく論じるのでここでは踏み込まない。

内廷費、皇族費は「御手元金」とも呼ばれ、「公費」「国費」とされる宮廷費とは区別される。

同じ鉛筆でも

本書が扱うのは主に「皇室費」だが、宮内庁が管理する予算には、他に宮内庁費がある。定数一〇九〇人の宮内庁の経費で、二〇〇三年度は一一四億六一二九・二万円。このうち、人件費と手当関係が九〇億四二七七・二万円で全体の七九%を占めている。残りは、職員旅費、行政情報化推進経費、修繕費など。

「皇室費」と合わせると、宮内庁は「四つの財布」を持っている。例えば、宮内庁が鉛筆を買ったとしよう。天皇陛下の公務用であれば宮廷費、愛子さまのお絵かき用ならば内廷費、秋篠宮さまのナマズの研究用だったら皇族費、職員の事務用なら宮内庁費になる。同じ物を同じ業者から購入しても、使い道によって予算の出所が異なる。宮内庁は、四つの予算を別々の帳簿で管理しているわけだ。

「皇室費」(宮廷費、内廷費、皇族費)と宮内庁費を、宮内庁関連予算として総計すると、

表1　2003年度皇室関連予算

内　訳		金　額
皇室費	宮廷費	63億6193万3000円
	内廷費	3億2400万0000円
	皇族費	2億9768万0000円
宮内庁費		114億6129万2000円
皇宮警察本部予算		88億3614万9000円
合　計		272億8105万4000円

○三年度で、一八四億四四九〇・五万円となる。

国民負担は一人二一四円

宮内庁とは別に、皇室関連の国の機関には警察庁の付属機関である皇宮警察本部もある。戦前は宮内省の一部だった皇室専門の警察組織だ。各都道府県警と同格に位置付けられ、定員は九八一人。本部は皇居内にある。二〇〇三年度予算は八八億三六一四・九万円。

皇室費、宮内庁費、皇宮警察本部予算を合計して広義の皇室関連予算の全体を算出してみると、二七二億八一〇五・四万円になる。滋賀県八日市市（人口約四・五万人）の予算（特別、事業会計を合わせ〇三年度で二八三億円）と同じ規模だ。国全体の一般会計予算総額（八一兆七八九一億円）の〇・〇三％、日本の人口約一億二七四三・五万人で割ると、一人当たり二一四円の負担になる。

オクとオモテ

天皇家の公私の区別を別な側面からも見ておこう。

宮内庁の組織で言えば、天皇夫妻と紀宮さまのお世話をする侍従職、皇太子夫妻と愛子さまのお世話に当たる東宮《とうぐう》職が、主として天皇家の「私」を担当する。「オク」の呼び方もあり、公的な活動を担当する「オモテ」との対立が伝えられることもある。

施設から見ると、宮中晩餐会が開かれたり、勲章が授与される「宮殿」が公的活動の中心だ。これに対し皇居の奥に「御所」があり、天皇夫妻と紀宮さまが生活している。私的なゲストとは御所で会うのが原則だ。

皇太子夫妻と愛子さまは、皇居から西に約二・五キロ離れた赤坂御用地内の「東宮御所」に住んでいる。東宮御所では、公的な行事も私的な活動も行われる。

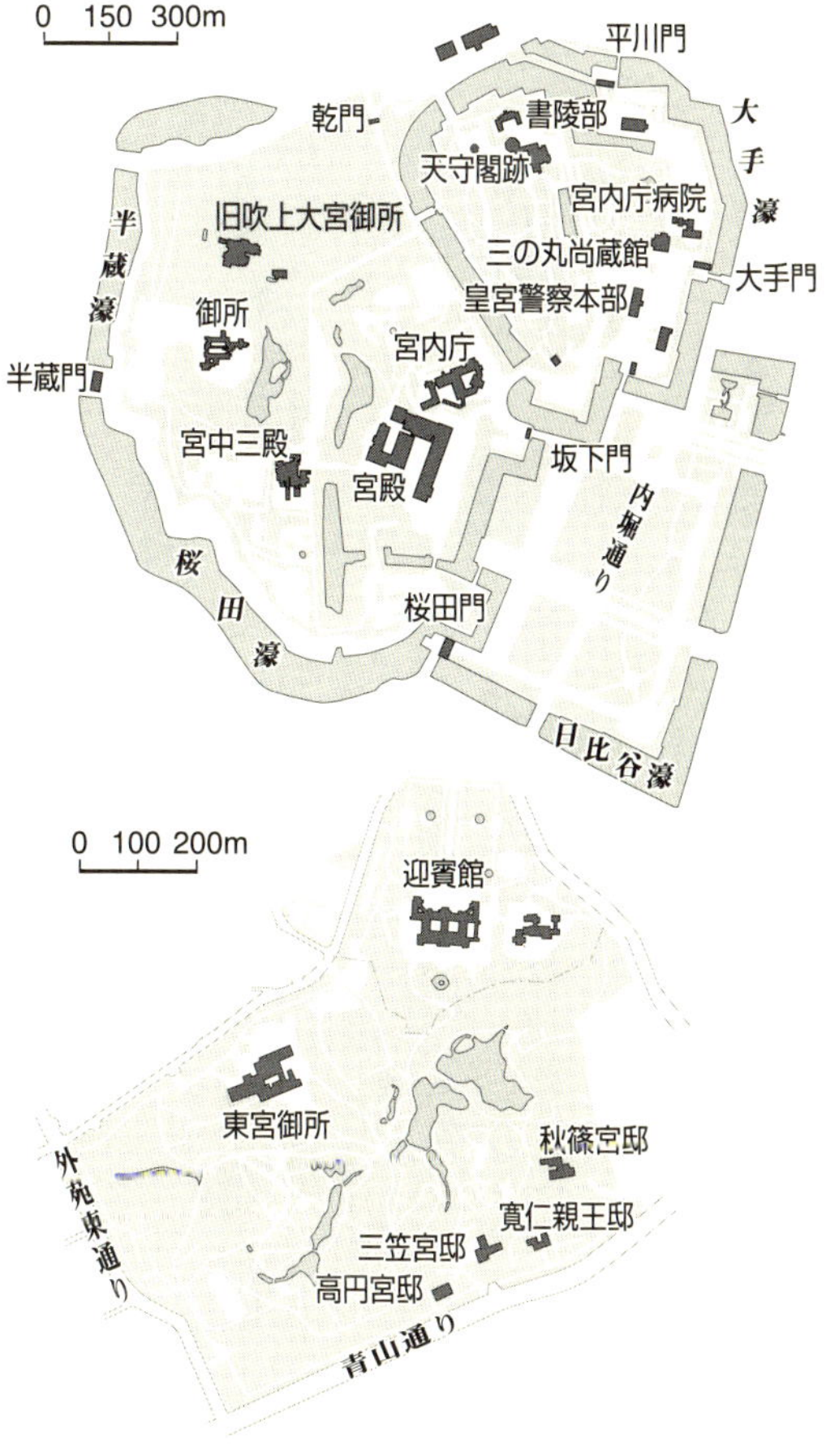

図1　皇居（上）と赤坂御用地（下）の見取り図

本書の構成

本書のタイトルは「天皇家の財布」だが、扱う範囲は天皇家だけでなく、宮家を含む広い「皇室」全般である。

構成はまず、第一、二章で宮廷費（皇室費の「公」の部分）を検討する。続く第三、四、五章では天皇家の私的経済の各側面を考察し、最後の第六章で宮家の私的費用である皇族費を扱う。

ところで、「皇室」という言葉は、狭い意味の天皇家だけを指す場合もあれば、天皇、皇族に関係すること一般を指すこともある曖昧な用語である。本書では、天皇家と宮家を合わせた総体を「皇室」と捉えるとして先に進もう。

第一章　宮廷費　その一

1　大赤字の宮内庁病院——行政のスリム化と皇室

支出決定簿

宮廷費六三億六一九三・三万円（二〇〇三年度）について、「一般会計歳出予算各目明細書」が内訳を示している（表2）。さらに、情報公開制度での文書開示請求に対し、予算科目ごとの「支出決定簿（一件別）」という文書（〇一年度分）が公開された。日々の支払い先と摘要が記してあり、宮廷費の使い道がかなり詳しく分かる。

具体的な支出例として、まず宮内庁病院を取り上げたい。

表2　2003年度宮廷費予算の内訳

予算科目		金　額	
諸謝金	進講謝金	371万9000円	2242万9000円
	正倉院宝物調査等謝金	1871万0000円	
報償費			1億9481万9000円
外国旅費（儀典関係旅費）			1600万8000円
庁費	儀典関係費	3億3787万8000円	18億7847万2000円
	宮殿等管理費	9億3848万9000円	
	皇室用財産修繕費	1億1009万7000円	
	皇居等施設整備費	2億1356万0000円	
	文化財管理費	1億7205万7000円	
	車馬管理費	1億0639万1000円	
招宴費			9077万2000円
各所修繕	一般管理費・建物	1億8016万3000円	22億7010万7000円
	一般管理費・庭園樹林地等	5億7216万9000円	
	特別修繕費	15億1777万5000円	
自動車重量税（41台分）			133万3000円
施設整備費（皇居等）			18億3330万0000円
交際費			5469万3000円
合　計			63億6193万3000円

美智子さまの入院とＭＲＩ

皇居の森の中、大手門を入った北側に、鉄筋コンクリート二階建ての宮内庁病院がある。内科、外科、産婦人科、眼科、皮膚泌尿器科、耳鼻咽喉科、放射線科、歯科の八診療科があり、ベッド数は二七（うち産婦人科五）。

一九二六年、宮内省互助会の診療所として出発。現在は宮内庁、皇宮警察の職員とともに、天皇、皇族の病気治療、健康保持のための医療機関と位置付けられている。紹介があれば一般の患者も利用できる。タレントの二谷友里恵さんが出産前検診を受けたのは有名な話だ。

総合病院ではあるが、規模から言って、あらゆる病気に対応できるわけではない。美智子さまは九七年七月、帯状疱疹《ほうしん》（ヘルペス）による激しい頭痛と発熱のため、宮内庁病院から北西に約二キロ離れた千代田区富士見の東京逓信病院に緊急入院した。皇后が外部病院に入院するのは極めて異例だった。

池永達雄・侍医長（当時）は「一流の設備が整った病院で治療をすることになった」と説明。その時、宮内庁病院にはＭＲＩ（磁気共鳴断層撮影装置）がなく、精密検査ができなかったのだ。美智子さまは結局、東京逓信病院に一〇日間も入院した。

宮内庁病院にＭＲＩを導入するかどうかは、天皇夫妻が還暦を迎えたころからすでに議論になっていた。ご夫妻は九五年、定期健診の一環として初めてＭＲＩ検査を受けたが、この時も東京逓信病院まで出向いた。

侍医サイドは「両陛下に神経内科系の病気が出現するようになり、導入が必要」との立場だったが、「病院の規模を考えると高額過ぎる」と大蔵省（現財務省）が反対し、結論が出ていなかった。

結局、美智子さまの緊急入院が契機となり、ＭＲＩは九八年から導入されることになった。機器はリースで、毎年約一億円の費用が掛かる。このＭＲＩについて、会計検査院は九九年七月、「稼働率が低い」と指摘、問題は尾を引いている。

患者の数より職員が多い

宮内庁が公開した宮内庁病院の二〇〇〇年度の収支データ（「諸参考資料原稿」）によると、外来は年間一万〇四一四人、入院は二二四人。外来患者数を単純に一日平均すると、二八・五人になり、病院職員四二人（非常勤六人を含む）より少ない。

四二人の内訳は、医師一一人▽看護師一六人▽薬剤師二人▽診療放射線技師一人▽臨床検査技師一人▽歯科技工士一人▽管理栄養士一人▽調理師二人▽事務員六人▽整備員一人。雅子さまの出産を担当した東大医学部の堤治医師も産婦人科の非常勤医員になっている。

年間収入は五六三六万円で、これ対し、三億四六四六万円の支出がある。支出の九〇％（三億一一六三万円）が人件費で、残りが物件費だ。赤字幅は二億九〇一〇万円。

このデータには、なぜかMRIのリース代が含まれていない。これを加えれば赤字は四億円近い額になる。国立病院の統廃合が叫ばれるなか、「皇室用」の名目があってはじめて存続する病院なのである。

宮内庁病院のMRIは、皇室が「何を」「どこまで」抱えるべきなのかの難しさを象徴的に表している。

アウトソーシング

戦前の皇室は、全国に広大な山林を持ち、林業経営で収入を得ていたほか、教育機関である学習院まで持っていた。勲章授与の審査など皇室に関わることはなるべく自己完結できるシステムを備えていたのである。宮内省職員は一九四五年の敗戦時で、約六二〇〇人もいた。

戦後、皇室の「範囲」は、相当、縮小された。けれども、現在も京都府の京都御所、桂離宮、修学院離宮、奈良県の正倉院、千葉、埼玉両県の鴨場、岐阜県にある鵜飼のための長良川筋漁場、那須、須崎、葉山の三つの御用邸などを抱える。

人の面から見ても、

雅楽や晩餐会での洋楽演奏を担当する楽師二四人▽昭和天皇の正史『昭和天皇実録』の編纂や陵墓の調査にあたる研究職四六人▽全国の天皇陵など「陵墓」を守る陵墓守一四三人▽正倉院と本庁の図書課で古文書の補修、保存にあたる修補師一二人▽天皇家の公私の食卓を預かる調理人（主厨《しゅちゅう》、厨子《ちゅうし》）二五人▽配膳担当の主膳《しゅぜん》、膳手《ぜんて》二二人▽運転手と車両整備のメカニックの車馬課自動車班四〇人▽建築、土木、水道、電気、機械、設

図2　宮内庁の組織

（カッコの中は、2003年3月末現在の定数)

- 宮内庁(1090人)
  長官
  次長
  長官秘書官
  - 長官官房(212人)
    - 秘書課
      - 調査企画室
    - 総務課
      - 報道室
    - 宮務課
    - 主計課
    - 用度課
    - 宮内庁病院
  - 侍従職(78人)
  - 東宮職(47人)
  - 式部職(68人)
  - 書陵部(207人)
    - 図書課
    - 編修課
    - 陵墓課
    - 陵墓監区事務所（多摩、桃山、月輪、畝傍、古市）
  - 管理部(313人)
    - 管理課
    - 工務課
    - 庭園課
    - 大膳課
    - 車馬課
    - 宮殿管理官
    - 御用邸管理事務所（那須、須崎、葉山）
    - 皇居東御苑管理事務所
  - 正倉院事務所(17人)
    - 庶務課
    - 保存課
  - 御料牧場(67人)
    - 庶務課
    - 畜産課
    - 農産課
  - 京都事務所(78人)
    - 庶務課
    - 管理課
    - 工務課
    - 林園課

備の専門家の工務課技官七八人▽皇居の庭園管理や盆栽の手入れを担当する庭園課技官三〇人……とバラエティーに富んでいて、「職種のデパート」とも言われるほど幅が広い。

一方、戦前に比べれば自己完結性は低くなっている。外部委託（アウトソーシング）しなければ、とてもやっていけない。その方が現実的だし、経済効率がいい場合もある。例えば、陵墓だ。北は山形県羽黒町にある蜂子皇子（六四一年死亡）の墓から、南は鹿児島県吾平《あいら》町の吾平山上陵（神武天皇の父母陵とされる）まで、分骨所、火葬塚、灰塚、髪歯爪塔《はつしそうとう》を含めると、宮内庁は三三都府県の八九五の「墓」を現在も管理している。すべてに職員を配置できないから、非常勤の九四人に管理業務を「委託」している。

陛下の前立腺がん手術

ＭＲＩ導入を巡る侍医と予算当局の議論も、要するに、皇室内で完結すべきか、アウトソースすべきかを巡るものだ。天皇夫妻の年齢による今後の必要性と警備面を考慮して宮内庁は、導入を選択したのだろう。

しかし、議論は尽きない。二〇〇三年一～二月、天皇陛下は前立腺がんの手術のために東大病院に入院した。これを見て「そもそも宮内庁病院は不要で、廃止すれば皇室予算の無駄を減らせる」と考える人もあるし、「天皇、皇族のご病気に備え、宮内庁病院はもっと最新鋭の設備を整えるべきだ」と主張する人もいるだろう。「何を」「どこまで」の議論は、皇室のあり方に直結する問題なのである。

雅子妃出産で分娩室を改装

二〇〇一年度の「支出決定簿」から、興味深い支出を紹介してみよう。

宮内庁病院関係では、〇一年一一月、「分娩室他改装工事」として、佐藤工業東京支店に四九三万五〇〇〇円を支払ったとある。雅子さまの出産の直前だ。

これは皇族用の分娩室と沐浴室の壁を淡いベージュ系の布地張りに替えたものだ。併せて、レースのカーテンとソファを入れ、絨毯を敷くなどインテリアも居間風に大幅改造した。以前はタイル張りの壁で手術室のような雰囲気だった。

一九六四年に建築された宮内庁病院は、かなり老朽化しているのが現状だ。出産直前の米紙『ウォールストリート・ジャーナル』（二〇〇一年一〇月二四日）が「設備がボロボロ」「なぜ、ロイヤルベビーが質素な病院で生まれなくてはいけないのか？」との記事を掲載したほどである。

私も風邪をひくと宮内庁病院によく通った。患者が少ないため待ち時間が少ないのがよかったが、雰囲気は、地方の古ぼけた病院のようだった。

御璽の朱肉は三〇万円

皇居の電気、水道、ガス代がいくらなのかを知るのも興味深い。

「支出決定簿」の二〇〇一年五月の項目を見ると、東京都水道局に九三一万六五五九円、東京電力に八四〇万九四二八円、東京ガスには三四〇万〇八四五円（いずれも一カ月分）を払っている。東宮御所は別払いだ。

同じ五月にはＮＨＫに「テレビ放送受信料」として一七八万八九二〇円とある。他の月にこの支出はないから一年分をまとめて払っているらしい。地上波のみのカラー契約、一年分の口座振替前払いと仮定すると、約一二〇台分になる。

同八月の中には、「御璽《ぎょじ》用朱肉」二九万六九四七円とある。支払い先は「印刷局」で、財務省印刷局のことだ。御璽とは、天皇が法律、条約の公布文など公式文書に押す印のことで、九・〇九センチ四方、重さ三・五五キロの金製。特注品とはいえ、その朱肉に三〇万円とは驚きだ。

六八％は土木・建築費

宮廷費の中で大きいのは、土木・建築費だ。二〇ページの表2に戻ると、各所修繕二二億七〇一〇・七万円、施設整備費（皇居等）一八億二三三〇万円の土木・建築関係の科目が大きな割合を占めているのに気が付く。庁費の中にも「皇居等施設整備費」二億一三五六万円があり、三つを合計すると、四三億一六九六・七万円となる。宮廷費全体（六三億六八一九三・三万円）の六八％は土木・建築費だ。表3に、二〇〇一年度の「支出決定簿」から五〇〇〇万円以上の工事を抜き出してみた。

最も金額が大きいのは大林組東京本社が担当した香淳皇后陵の営建工事で、二回に分けた契約の合計は四億二九九八万円だ。二〇〇〇年六月に亡くなった香淳皇后陵では、〇

表3　2001年度宮廷費のうち5000万円以上の土木・建築費

請負業者	工事内容	金額
大林組東京本社	香淳皇后陵営建第4回工事（02年2月）	3億2708万円
	同（01年6月）	1億0290万円
前田建設工業関東支店	桃華楽堂改修第2回工事（01年12月）	2億2243万円
	同（01年12月）	7157万円
日本鋪道関東第一支店	赤坂御用地中の池漏水防止等工事	1億8165万円
清水建設	宮殿長和殿衛生設備その他改修工事（01年11月）	1億7115万円
	同（01年7月）	9240万円
清水建設	常陸宮邸設備その他改修工事（02年2月）	1億6503万円
	同（01年7月）	7033万円
新日本空調	宮内庁庁舎諸設備（冷却塔他）整備工事	1億3287万円
谷上社寺工業	京都御所参内殿ほか、檜皮葺等屋根葺替第3回工事	1億0290万円
鉄建建設	皇居内大道庭園建物再整備工事	6941万円
日本電設工業営業統括本部	宮殿床暖房電源設備取設工事	5775万円
大林組東京本社	皇居二重橋濠沿い石垣修復第2回工事（02年4月）	5775万円
	同（02年4月）	5497万円
フジタ東京支店	宮内庁庁舎中央手洗所改修工事	5597万円
錢高組東京支社	赤坂御用地庭園課事務所新築工事	5190万円
巴コーポレーション宇都宮支店	御料牧場第１厩舎設備機器改修工事	5258万円
加勢造園	皇居東御苑庭園再整備工事	5040万円

○年度に約一四億二〇〇〇万円が支出されており、陵の総工費は二年間で約一八億五〇〇〇万円になる。
六〇億円台の宮廷費にとって、陵墓の建造は極めて大きな事業と言えるだろう。

2　きらびやかな宴のケーキは一二〇円——宮中晩餐会

メインに羊の蒸焼

宮中晩餐会は国賓が来た時に、宮殿・豊明殿で開く夕食会のことだ。荘厳な音楽の中で、きらびやかな服装に身を包んだ要人たちが、フランス料理を楽しむ。

米同時多発テロ後、国賓の来日が減っているが、平均すると年に二、三人の元首クラスの要人が国賓としてやって来る。二〇〇一年一〇月二日に開かれた国賓のムベキ南アフリカ大統領の宮中晩餐会のメニューは次の通り。

・清羹《せいかん》（コンソメスープのこと、玉子豆腐の浮かし）
・甘ダイ網焼（才巻エビ、ハゼ）

・若鶏酒煮（リンゴ付き）
・仔羊腿肉の蒸焼（茸、温野菜添え）
・季節のサラダ
・アイスクリーム（富士山型）
・果物（メロン、ピオーネ）

スープから始まり、魚、鶏肉と続いた後、メインの羊肉で盛り上がり、最後はアイスクリームと果物で締めくくるのが定番である。鶏肉と羊肉、野菜の一部、卵は御料牧場産を使う。一方、魚介類、牛肉、足りない野菜、果物、それとアイスクリームの材料などは市場から仕入れる必要がある。

南アフリカ大統領歓迎の晩餐会について、「仕入れた食材が分かる資料を」と請求したところ、業者ごとの「見積書」が出てきた（表4）。「支出決定簿」でも同じ金額が確認できるから、見積額がそのまま仕入れ値になるようだ。計八業者から、九六万五二三〇円分を購入している。

魚と野菜は築地から

牛肉は文京区水道の中央畜産、魚介類は中央区築地の共同水産から仕入れている。この晩餐会は甘ダイがメインだったが、伊勢エビのこともあれば、マスのこともある。季節によって旬の魚を選ぶのだ。

野菜は同じ築地の米金青果からの仕入れだ。中央区京橋の明治屋から仕入れている上白糖などはアイスクリームの材料だろう。銀座千疋屋からのマスクメロンは一五万五二〇〇円。

渋谷区神宮前のコロンバンからは単価一二〇円の洋菓子を二〇六個仕入れている。タルトなど数種のプチケーキで、食後に出されるデザートだ。一口サイズとは言え、一二〇円とは庶民的である。

同じ文書を、二〇〇〇年四月のハンガリー大統領、〇一年三月のノルウェー国王の晩餐会で請求してみると、ほぼ同じ業者からそれぞれ一〇一万四〇六五円、一一六万九二四五円を仕入れていた。九五〜一二〇万円が晩餐会の外部仕入れの予算になっているようだ。

	エルーカ	20パック	5000円	
	消費税		7028円	
明治屋	食卓塩	5本	750円	3万1237円
	サフラン	1瓶	900円	
	抹茶	1缶	1500円	
	マスタード	1缶	490円	
	マスタード粒入り	5瓶	2000円	
	エクストラオリーブオイル	3瓶	4050円	
	オリーブオイル	6瓶	7200円	
	カレー粉（SB）	1缶	1400円	
	グラニュー糖	8キロ	2000円	
	パウダーシュガー	1キロ	1000円	
	ピクルス	3瓶	1200円	
	フレンチマスタードディジョン	2瓶	760円	
	ケッパー	5瓶	1750円	
	ワインビネガー	2本	600円	
	上白糖	4キロ	800円	
	薄力粉	4キロ	800円	
	コーヒーシュガー	1箱	350円	
	コーヒー（ノンカフェ）	1袋	1000円	
	イースト	3個	1200円	
	消費税		1487円	
タテノコーポレーション	小麦粉ゴールデンヨット	1袋	4428円	4428円
銀座千疋屋	オレンジ	90個	1万1700円	22万2873円
	マスクメロン	38.8キロ	15万5200円	
	ピオーネ	16.8キロ	4万5360円	
	消費税		1万0613円	
コロンバン	洋菓子	206個	2万4720円	2万6040円
	レモン	1個	80円	
	消費税		1240円	
珠屋小林商店	コーヒー	4キロ	1万3200円	1万3860円
	消費税		660円	
合　計				96万5230円

表4　宮中晩餐会（2001年10月、南アフリカ大統領歓迎）の食材仕入れ一覧

仕入先	品目	数量	金額	合計
中央畜産	牛スネ肉	120キロ	2万1600円	2万2680円
	消費税		1080円	
共同水産	車エビ	8.5キロ	11万0500円	49万6524円
	甘ダイ	57.6キロ	31万6800円	
	ハゼ	8.6キロ	4万5580円	
	消費税		2万3644円	
米金青果	セロリ	3束	2700円	14万7588円
	玉ネギ	20キロ	3800円	
	ニンジン	20キロ	4000円	
	栗（皮むき）	8キロ	1万6000円	
	マッシュルーム	32パック	1万1200円	
	トマト	1ケース	2500円	
	インゲン	0.5キロ	1750円	
	西洋カボチャ	1個	600円	
	ジャガイモ	25キロ	5000円	
	エリンギ	22パック	6160円	
	サニーレタス	10個	2500円	
	チェリートマト	2パック	900円	
	パセリ	10束	4000円	
	ブロッコリー	22個	3960円	
	ラレシ	20束	5000円	
	リンゴ	40個	7200円	
	レタス	10個	2800円	
	レモン	25個	1750円	
	生シイタケ	22パック	7700円	
	シメジ茸	22パック	1980円	
	マイタケ	22パック	3960円	
	サラダホウレンソウ	60束	1万8000円	
	エンダイブ	5個	2500円	
	クレソン	8ケース	9600円	
	シブレット	6束	1200円	
	セルフィーユ	4パック	800円	
	マーシュ	20パック	8000円	

ムベキ大統領の晩餐会に戻ると、九六万五二三〇円で、出席者は一三二人だから、一人当たり七三一二円になる。ちょっと安いと思うかも知れないが、予算に計上されない御料牧場の生産物や大膳課職員の人件費を考慮して、一人の食事の単価を算出すれば、数万円単位のご馳走になることは間違いない。

宮中晩餐会は通常午後七時半に始まって、冒頭取材を終えた担当記者たちは、記者クラブに戻って、記事を書きながら待機する。食事が終わるころになると、庁舎内に残っている職員に余り物が回ってきて、記者クラブにも総務課の職員がおこぼれを回してくれる。記者たちは、高級そうな銀の皿に入った料理を夜食代わりにする。

どんな味だったのかを、お伝えしたいが、冷めた料理を流し込むように食べたので、印象がほとんどない。「こんなものか」とさして感動がなかった記憶だけが残っている。

宮殿地下にはワインセラー

晩餐会と言えば、酒のことにも触れなくてはならないだろう。ムベキ大統領の晩餐会に出されたのは、ムルソー・シャルム（白ワイン、一九九二年）、シャトー・ムートン・

ロートシルト（赤ワイン、八二年）、ドン・ペリニョン（シャンパン、九二年）だった。日本酒も用意され、これは「惣花」「月桂冠」「櫻正宗」「菊正宗」の四種類から選ばれる。

宮殿の地下には、ワインセラー（貯蔵庫）もある。白は一一銘柄、赤は七銘柄で約四五〇〇本が保管されている。以前は野積みだったのを九七年、約二五〇〇万円をかけて建設された。センサーで湿度、温度が一定に保たれ、品質管理が改善された。

一回の晩餐会で消費されるワインは数十本だが、ワインは寝かせて熟成させるのが大事とのことで、大型ワインセラー建設となった。宮内庁は「パリのエリゼ宮の一万本収容のものと比べれば、まだ小さい」と説明している。

宮中晩餐会は、一九世紀の欧州パーティ外交に源を持つ。一方で、こうした宴も世界的に簡素化の流れにある。予算の縛りがあるのも仕方のないことで、一二〇〇円ではなく、一二〇〇円のケーキを出そうとすると、他を削らなくてはならないのが現実だ。

3　栃木直送「宮内庁印」牛乳――御料牧場

ゴルフ場の広さ

御料牧場の名前は聞いたことがあっても、それがどこにあるのか知らない人も多いだろう。宇都宮市の中心から北東へ一三キロ、栃木県高根沢町と芳賀町にまたがる場所に、広大な緑の牧草地が広がる。面積は二五二ヘクタールで、ゴルフ場ほぼ一個分の広さだ。皇居のように門の出入りに警備があるわけでもないため、一般の人が敷地を通り抜けることも可能だ。正門からの並木は桜の名所でもあり、春に花見に訪れる人もいる。

御料牧場には、

・天皇家の「公」「私」の食事に食材を提供する
・儀式のパレードなどで使う馬を生産する
・在日外交団の接伴や皇太子夫妻らの静養用

の三つの目的がある。

晩餐会など公的な食事でも、天皇家のプライベートの食卓でも、御料牧場の生産品だけではとても足りない。大部分は「宮内庁御用達」業者から買っているのが現実だ。

それでも宮内庁が敢えて牧場を直接経営する意味とは何か。一体どれほどの費用対効果を上げているのだろうか。

牛乳七万二六六〇本分を生産

御料牧場の仕事を生産量から検証してみる。以下のデータはいずれも二〇〇〇年度実績。宮内庁が公表した「国会提出資料類原稿」などを参考にした。

乳牛はホルスタイン種とジャージー種の一八頭が飼育され、乳製品を作っている。牛乳の生産量は年間一万四五三二リットル。一本二〇〇ミリリットル入りの牛乳瓶にすると年間七万二六六〇本になる。一日平均で一九九本を生産している計算だ。

乳製品は他に、ヨーグルト六四六リットル▽バター三八六キロ▽チーズ六六キロ▽クリーム一〇四一リットル……など。

豚は七八頭。豚肉は年間三〇九二キロが生産され、ベーコン二九二キロ▽ロースハム二四四キロ▽ボンレスハム一二四キロ▽ウインナーソーセージ缶詰五八四個分……なども加工される。これらは熟成に時間をかけるため、市販品より風味がいいとされる。

羊は御料牧場の中心的な存在で、三八五頭がいる。羊肉は園遊会で供されるほか、晩餐会のメイン料理でもあるためだ。御料牧場での外交団接伴でもジンギスカン料理が定番になっている。羊肉の生産量は年間二九〇三キロ。

鶏は八八六羽いる。卵の生産量は五万〇四六〇個。食鶏肉は六〇九六キロで、燻製若鶏五五〇キロも加工されている。

家禽には他にキジ三五羽もいる。宮中の正月料理にはキジ酒がかかせないため、雄キジの胸肉三六キロを生産している。キジ酒はあぶったキジ肉に日本酒を熱燗《あつかん》で注ぐもので、肉の香りがコクを出す。昔からおめでたい日に飲むことになっている。

馬は三〇頭だ。皇太子夫妻の結婚式のパレードなど特別な行事のほか、外国からの新任大使の信任状奉呈式で馬車が使われる。これは、赴任したばかりの大使が天皇に信任状を提出に行くもので、希望すれば、JR東京駅丸の内口貴賓室から和田倉門交差点、二重橋を通って宮殿に向かう一・八キロのコースを馬車で行ける。

このほか、約一ヘクタールの畑では、レタス、トマト、キャベツ、ダイコンなど二四種類の野菜を、堆肥を利用した無農薬で栽培している。生産量は六九七一キロ。珍しいところでは、宮中の正月料理用の細ゴボウ栽培がある。

天皇家に「無料」で提供

生産額から見ると、御料牧場の生産額は年間四一九八万六六七五円。内訳は、

①皇室に提供する分　一三一〇万六五二七円
②売却分　七一一万三二四三円
③自家消費用の飼料生産　二一七六万六九〇五円

となっている。

①「皇室に提供する分」は、儀式（公用）と皇室のプライベート用を合わせたものを市価換算したものだ。宮内庁は私生活分について「半分くらいになります」（一九七四年二月の衆議院内閣委員会での答弁）と答えている。比率が今も変わらないと仮定すると、国は天皇家の私的な食事のため約六六〇万円分の食材を現物支給している形だ。

敗戦直後、プライベート用について国は、天皇家から代金を徴収していた。しかし、慣行はすぐになくなり、無償提供されるようになった。

宮内庁は「広い意味においてこれは皇室の用に供するのではないかというような見解をとりまして、現在では無料にいたしておるというようなことでございます。なお（内廷費からの代金徴収については）研究はいたしたいとは存じておるのでございます」（六六年七月の参議院決算委員会、西原英次・管理部長）と答えている。国が住まい（御所）を提供しているのに家賃を受け取らないのと同様の扱いとの説明だ。

②「売却分」は、不要になった家畜と余った生産品を売った実収入である。牧場製品は宮内庁地階の職員用の「菊葉会食堂」（内閣共済組合宮内庁支部が経営）にも売り渡される。それでも余れば、宮内庁職員に売り払われることになっている。

菊葉会食堂では、御料牧場直送牛乳が六〇円で売られている。私もかつてはほぼ毎日飲んでいて、味が濃い印象があった。当時、牧場を見学した時、飼育担当者は「搾りたてを直に処理するため、牛乳本来の味が残っている」と説明していた。また、搾乳前に牛を念入りに洗浄するから原乳に細菌が少ないという。

③「自家消費用の飼料生産」とあるのは、家畜のエサを牧場内で生産している分だ。すべて自家消費するので、「収入」ではないが、作らないと買わなければならないから、生産額に入っている。

牧場もやはり赤字

これに対し支出は、六億二九〇〇万一八五一円になっている。

一番大きい支出項目は人件費の四億一二六一万五一五七円だ。御料牧場では、宮内庁職員六七人と臨時の作業補助員一二人が働いている。

正職員の内訳は、管理職と事務系一三人▽育馬係八人▽育牛係六人▽乳製品係三人▽養豚・加工係六人▽育羊係六人▽養鶏係四人▽衛生係二人▽耕作係八人▽樹林係三人▽蔬菜係三人▽農機具係三人▽運転手二人。

支出は他に、施設営繕費が一億二〇五〇万五七三六円、事業費九五八八万〇九五八円。

御料牧場のバランス・シートは、生産額四一九九万円に対し、支出が六億二九〇〇万円で、差し引き五億八七〇一万円の赤字になっている。同年度の宮内庁関連予算（皇室費と宮内庁費）が一八九億円だから、御料牧場を維持、運営するために、三・三％が費やされている計算になる。

かつてはダービー馬を量産

歴史を振り返ると、戦前の御料牧場は、単独黒字だった。戦後は赤字に転落したものの一九六〇年代までは現在のように大幅な額ではない。六一年四月の参議院内閣委員会での瓜生順良・宮内庁次長（当時）の答弁によると、当時は生産額約四四〇〇万円に対し、支出は約五〇〇〇万円で、赤字は約六〇〇万円だった。

実は、かつての御料牧場は競走馬（サラブレッド）の生産で有名で、多くのダービー優勝馬を輩出していた。六九年まで続いたサラブレッドの生産で、御料牧場は大きな収入を得ていたのだ。だが、これをやめたため収入の柱を失い、加えて農業を取り巻く環境の厳しさや農産物の価格の低迷もあり、採算ベースに合わなくなった。

成田空港に変わった下総御料牧場

ところで、御料牧場は昔から栃木県にあったわけではない。戦前は、現在の北海道新冠町を中心とした新冠御料牧場と千葉県成田市の下総御料牧場の二カ所だったが、戦後、新冠はなくなり、下総だけになっていた。

下総御料牧場について一九六〇年代初頭から国会で不要論が出始めている。例えば、社会党の高田なほ子参議院議員は六一年三月、「七十二頭も馬が要るのですか。このごろは大体もう自動車で、馬はそうお使いにならないのじゃないかというような気もしますが……。（略）それから乳牛、豚、鶏、（略）どうも不必要なものもあるようにも思われます」（予算委員会第一分科会）と苦言を呈している。日本が工業社会に脱皮し始めたころ、宮内庁が直接、牧場を経営することへの疑問が生じたのだ。

そのような状況下の六五年、東京の新しい国際空港の用地を探していた運輸省が、民間地買収が少なくて済むと下総御料牧場を、空港用地の中心にした計画を明らかにした。下総御料牧場の面積は四四〇ヘクタール。大部分が現在、成田空港になっており、外れた土地も移転農家の農地に変わっている。

御料牧場存続の是非を巡って議論が起きたが、宮内庁は、

・競走馬の生産は直接、皇室に関係ないのでやめる
・トウモロコシ、燕麦などの穀類飼料の生産も経済性を考慮してやめ、市販品を買う
・牧場の面積と職員（六六年夏現在で約一三〇人）を縮小する
という方針で、全面廃止の議論をかわした。複数の移転候補地から、気候、地質を判断して栃木県が移転先に選ばれた。

移転は六九年八～九月。職員のうち八四人が成田から栃木に引っ越したが、退職して成田市、空港公団に転職した人もいる。

その少し前の六五年、秋一回だけだった園遊会が年二回になった。また、外国からの賓客が増えたこともあり、宮中行事での羊肉の需要が増えていた。このため、宮内庁は移転を機に、羊の数を二倍に増やした。移転は御料牧場の業務見直しの契機になった。

けれども、サラブレッド生産をやめて以来、経営マインドを失ったのは事実だ。最近では、生産品目もほとんど見直されていない。

ＢＳＥも心配なし

もちろん、御料牧場は黒字経営を前提としているわけではない。「安全で、高品質な食品を生産しているのだから、経費が掛かるのは当然だ」との受け止め方もあるだろう。例えば、牛の飼料は自家生産だから、BSE（狂牛病）の心配をしなくていい。

賓客接遇に質のいい材料を使うことは確かに意義がある。一九九七年まで御料牧場場長を務めた西村一三氏は『週刊農林』（二〇〇二年四月五日号）で、「（御料牧場産の食材を使うことで）ホームメイドの味として相手方に深い感銘を与え、食事の際の話題提供になるなど国際親善の一助をなしている」と書いている。

食料自給率が低下し、農業の地盤沈下が言われて久しい現在、有機農法を貫く御料牧場を民間のモデルにしようとの声もある。

評論家の故江藤淳さんに生前取材したとき、「〝君主〟は牧場や庭園の一つや二つを持つのが美しい。江戸時代の後水尾上皇が折に触れ、修学院離宮で遊んだように、余裕が必要ではないだろうか」と陛下の嗜みを強調していた。

確かに、生産性だけではない御料牧場の意義はある。問題は、それと採算のバランスをどこでとるかということだろう。

第二章　宮廷費　その二

1　ホテルは全国一律二万円——天皇の地方旅行

三大行幸啓

天皇、皇族が右手を軽く振るお馴染みの姿を、国民が直接、見ることは多くはない。天皇、皇族の地方旅行は、その絶好の機会であって、皇室を身近に感じる時だろう。

天皇陛下は即位後、「全都道府県を早い機会に訪問する」という目標を立てた。これは二〇〇三年、新潟、鹿児島の両県を訪問して、達成することになる。昭和天皇もなしえなかった、歴代天皇初の完全な「全国巡幸」である。

皇室用語では、天皇のお出かけを「行幸《ぎょうこう》」、皇后、皇太子夫妻の場合は「行啓《ぎょうけい》」と呼ぶ。

天皇夫妻がそろって出かける場合は「行幸啓」となる。

天皇夫妻には通例、年に三回の地方旅行がある。春が全国植樹祭、秋が国民体育大会（国体）と全国豊かな海づくり大会で、「三大行幸啓」と呼ばれる。このほか、「地方事情ご視察」などの名目で地方を訪れることがあるが、天皇が公式行事で東京都を離れるのは多くても年四、五回だ。

〇二年の例で言うと、国際内科学会議に合わせ京都府、奈良県（五月）、植樹祭で山形県（六月）、秋の国体で高知県（一〇月）、豊かな海づくり大会で長崎県（一一月）を訪問している。この他には御用邸滞在や、サッカーW杯決勝戦観戦など神奈川県内への日帰りの視察（二回）があった。

皇太子夫妻の場合は地方旅行がもっと多い。定例のものだけでも、冬の国体、全国「みどりの愛護」のつどい、高校総体、献血運動推進全国大会、全国農業青年交換大会、全国障害者スポーツ大会、国民文化祭、全国育樹祭の八つの行事があり、「八大行啓」と呼ばれる。

阪神大震災復興の視察で五九七万円

地方旅行にはどのくらいの経費が掛かるのだろうか。天皇夫妻は二〇〇一年四月二三日から三泊四日の日程で、阪神大震災復興状況視察を名目に兵庫県を訪れている。この際の「兵庫県行幸啓関係費（決算書）」などの書類が公開された。

費用はすべて宮廷費からで、表5の五九七万〇八七二円が支払われている。

同じ宿泊費でも天皇夫妻分は宮廷費の中の「報償費」という科目、職員分は「庁費」の科目からと、区別されている。

「報償費」とは、難しい用語だが、「お礼」として支払う費用と理解すればいい。天皇、皇族に対して、代金を請求するのは失礼だった戦前の慣行から、宿泊料金は「お礼」（報償費）名目で出すのである。

同じように、昼食費用も天皇夫妻分は「招宴費」、職員分は「庁費」となっている。

職員の弁当代は一六〇〇円

表5を詳しく検討してみよう。まずは、同行の宮内庁職員分（庁費）から。

表5　阪神大震災復興状況視察（2001年4月）関係の経費

予算科目	摘　要	金　額	説　明
庁費	①航空機借上	322万6932円	羽田・伊丹往復
	②供奉員宿泊料	108万0000円	2万円×{(3泊×14人)+(4泊×3人)}
	③公室借上料	12万0000円	1.5万円×{(2日×3室)+(1日×2室)}
	④昼食代	7万2000円	1600円×45食分
	⑤新聞代	4万0340円	{(全国紙5紙+地方紙1紙)×12セット}+(英字紙2紙×2セット)
	⑥御料車等回送費	4万9600円	東京・伊丹間の高速代金など
招宴費	⑦昼食代	非公開	4項目の合計は138万2000円
	⑧茶菓代	非公開	
報償費	⑨お泊料	非公開	
	⑩従業員手当	非公開	
合　計		597万0872円	

①「航空機借上」とあるのは、全日空機を借り上げ（特別機）、羽田空港と大阪国際（伊丹）空港を往復した代金である。新幹線を利用する時は、臨時列車を借り上げたとしても、人数分の運賃と特急料金だけを支払うことになっている。ＪＲが国鉄だった時代は、料金をとらず国鉄が費用を負担していたが、民営化してからは払うことになった。

②「供奉員宿泊料」は、同行の宮内庁職員のホテル代だ。この時はホテルオークラ神戸に二泊した後、淡路島のウェスティンホテル淡路に一泊している。職員は侍従、女官から報道室員まで一七人が同行した。このうちの三人はご夫妻が神戸入りする一日前から泊まっているので、その分多く代金を払っている。

他の地方旅行の決算書も請求してみたが、職員のホテル代はいずれも二万円で統一されていた。天皇の旅行に同行する職員宿泊料は二万円との規定があり、どんなホテルに泊まっても「統一料金」なのである。ホテル側は「二万円では採算が合わない」と思っても、「陛下宿泊のホテル」の名誉を奪われたくないなら、受け入れるしかない。

宮内庁担当記者時代、天皇夫妻に同行して地方のいろいろなホテルに泊まった。「超」が付くほど高級なところから、寂れた地方都市ではいまひとつの場所まであったが、概ね二万円で泊まれないホテルばかりだった。

③「公室借上料」は、宮内庁職員の事務所をホテル内に借りた分の料金だ。④「昼食代」は職員の弁当で、これも全国一六〇〇円で統一されている。⑤「新聞代」は宮内庁職員が読む分で、⑥「御料車等回送費」は、ご夫妻が乗る「御料車」を関西まで運んだ際の高速道路料金である。御料車は一台が故障した場合に備えて、二台を用意することになっている。

天皇の宿泊費は「包み金」で

一方、天皇夫妻が関係する出費（招宴費と報償費）はすべての金額が非公開だった。ただ、招宴費、報償費の合計が一三八万二〇〇〇円であることは逆算して分かる。

⑦「昼食代」は、ご夫妻二人分に加え、長官、侍従長ら宮内庁幹部五人分と、一緒に食事をする知事ら地方の関係者分を含む。文書を見ると、この時は四日間で八二食分とある。

⑧「茶菓代」は、知事、市町村長ら案内をしてくれた人たち一二人へのお礼である。

昼食代はどんなに高くても一食分一万円で収まるだろう。そこで、八二食分の昼食代と茶菓代を合わせて、招宴費を八〇万円と推定してみよう。

残りは、報償費から支払われる⑨「お泊料」⑩「従業員手当」だ。いずれもホテルに支払う分で、純粋な宿泊費に加え、従業員にお礼を「手当」名目で払うことになっている。宮内庁職員の宿泊代と同様、どんな地方に行っても全国一律で、「包み金」を渡す方式がとられている。

八〇万円と想定した招宴費を差し引くと、報償費として五〇〜六〇万円が残る。三泊しているから、一泊当たり一六〜二〇万円ぐらいを「お泊料」「従業員手当」として渡しているものと考えられる。

他の出費も

三泊四日の地方旅行が五九七万円なら、安いと感じるかも知れない。ただ、これはあくまで、宮内庁が公表した旅行当日を中心にした出費で、他にも経費が掛かっている。

例えば、宮内庁職員は事前に調査のため全行程を県職員とともにチェックするが、その出張代がある。また、宅配便で荷物を先に送る輸送料も掛かる。御料車のガソリン代金も公表された「決算書」には含まれていなかった。

高知国体で県の出費は二億四〇〇〇万円

さらに大きいのは、受け入れ道府県側の負担だ。日程の設定はすべて道府県秘書課の仕事で、訪問当日には多くの道府県職員が動員される。日程のしおりを印刷するのも、報道陣のバスを借り上げるのも、視察会場を設定するのも、道府県予算からだ。警察はさらに経費を掛けている。

二〇〇二年夏、秋の高知国体（よさこい国体）と引き続き行なわれた全国障害者スポーツ大会では、天皇と一二人の皇族が高知県に入った。同県が「行幸啓費」として計上したのは、二億三八一二・六万円。

行幸啓の道筋の「視界」を確保するための草刈り、街路樹剪定作業に四八四七・四万円▽天皇、皇族の車両が対向車との安全を確保できるようにするための区画線整備工事に三二五二・五万円▽報道員用帽子に一五一・二万円▽電子体温計外医療器具二九点に九万〇九七八円……などが予算項目に挙がっている。

この支出に対しては、高知県民の一部から監査請求が起こされた。県側は「(天皇、皇族の訪問に県費を支出するのは)県民が身近に皇族に接するまたとない機会であるということや(略)選手や役員を激励していただくという意味でも(略)地域住民へのサービス活動にあたる」と支出の正当性を主張した。

こうしてみると、天皇、皇族の地方訪問で宮廷費から支出されるのは一部で、大部分は受け入れ道府県の負担だということが分かる。ほとんどは道府県単独の財源から賄う必要があり、財政が厳しい自治体にとっては大変な負担でもある。

2　天皇家の休暇は御用邸だけ——静養と外国旅行

私的な静養にも公費

天皇家が休暇を過ごす場所は、栃木県の那須、静岡県の須崎、神奈川県の葉山の三つの御用邸である。「静養」は私的な行為だから、食事など経費のほとんどは内廷費から支

表6　那須御用邸静養（2001年9月）関係の宮廷費の経費

支出明細	金　額
鉄道賃	非公開（推定35万6500円）
新聞代	2万6150円
寝具レンタル	20万3490円
プロパンガス購入代	4万1989円
臨時電話使用料	4万1781円
合　計	推定約67万円

払われるが、宮廷費（公費）からの支出もある。宮内庁職員は公務で出張し、職員分の経費は宮廷費で支払う。二〇〇一年九月一三～一八日、天皇夫妻が那須御用邸で静養した際の宮廷費の支出を表6にまとめた。宮内庁が公開した「見積書」などを参考にした。

御用邸には職員が泊まれる施設があり、ホテル代は不要だ。だが、毛布、枕などはレンタルしている。文書の内容から、臨時に三一部の新聞を取っていることが分かる。ご夫妻とともに三一人以上の職員が東京から移動したようだ。

東北新幹線の鉄道賃が非公開だったが、東京駅と那須塩原駅間の運賃と新幹線料金は往復で計一万一五〇〇円。職員三一人分として、三五万六五〇〇円と推定される。これを他の金額と合計すると約六七万円になる。

批判を受けた軽井沢静養

天皇夫妻は御用邸以外では、バケーションを過ごさないのだろうか。ご夫妻は天皇陛下が皇太子時代、夏に長野県軽井沢町の西武系の千ケ滝プリンスホテルで静養するのが恒例だった。避暑用の那須御用邸を昭和天皇が使うためだ。

ご夫妻は即位当初はそのスタイルを貫き、昭和天皇の喪が明けた一九九〇年夏は軽井沢で過ごした。翌年も軽井沢滞在が予定されたが、長崎県の雲仙・普賢岳噴火があり、取りやめた。

この即位後の軽井沢静養は評判がよくなかった。御用邸があるのに積極的に使わず、民間企業の避暑地で夏を過ごすことに、皇室周辺の守旧的な人たちから批判が出たのだ。ご夫妻は批判を気にしてか、それ以降、軽井沢で静養をしていない。

昭和天皇の別荘

これは難しい問題を含んでいる。現在の御用邸は、昭和天皇のために建てられ、お気に入りだったという歴史的経緯がある。

那須御用邸は関東大震災で壊れた函根（箱根）離宮に代わる施設として、昭和天皇の即位前の一九二六年七月に完成。昭和天皇はほぼ毎夏、那須を訪れその自然を愛した。同御用邸は老朽化も問題になっている。栃木県議会は九四年一〇月、御用邸を視察し、宮内庁に改築を要請した。県議の一部は「利用度アップのためなら県費での改築も」と提案している。しかし、地方財政法上、県費で国有財産を改築することはできない。

葉山御用邸はそれより古い一八九四年に完成したが、一九七一年に付属邸の一部を残して焼け、総工費約一〇億円の新御用邸が八一年に再建された。ここは、昭和天皇が海洋生物研究の拠点にした場所だ。

須崎御用邸は、一九七一年の完成。同じ静岡県には沼津御用邸があったが老朽化したため代替として建てられた。旧三井家の別邸があった場所を買収して、八億九〇七九万円をかけ新築した。やはり昭和天皇の海洋生物研究に便利な場所が選ばれた。

国民の休暇の過ごし方が多様化して久しい。天皇陛下もたまには好きな場所で休みを過ごしたいのではないだろうか。先代から受け継いだ御用邸でしか休暇が過ごせないのは気の毒だ、と私は思うのだが。

御用邸廃止論

御用邸は、天皇家専用で宮家皇族が単独で利用することはない。ただ、秋篠宮一家が合流して、天皇夫妻が孫である眞子さま、佳子さまと過ごすこともある。

二〇〇二年の利用度を見ると、那須御用邸が三五日と最も多い。愛子さまを連れた皇太子夫妻が八、九月に二回に分け計二三日と長期利用したのが大きい。葉山御用邸は一二日、須崎御用邸は八日だった。

最近では須崎御用邸の利用度が低いのが目立つ。毎年八月下旬、天皇家、秋篠宮家の全メンバーが一緒に静養するのが恒例だが、この時期に一週間ほど利用があるだけだ。他の二カ所に比べ、交通の便が悪いことがネックになっている。

ジャーナリストの高橋紘氏は「年間で一カ月も使わない御用邸に、宮内庁職員、皇宮護衛官を入れれば、一カ所五、六人の職員が配置されている。維持、管理には莫大な費用がかかっている。御用邸は二カ所もあれば十分である」(『天皇家の仕事』)と書いている。

オランダ、スウェーデン公式訪問

続いて、外国訪問の検討に移ろう。

天皇夫妻は二〇〇〇年五月二〇日〜六月一日までの日程で、オランダ、スウェーデンを公式訪問し、スイス、フィンランドに立ち寄った。その際の「出納内訳」（報償費、庁費）が公開された。

ホテル、空港での休憩室借り上げ謝礼、戦没者記念碑への供花代、元大統領との昼食代など天皇夫妻が絡んだ支出は、宮廷費の「報償費」からで、阪神大震災復興状況視察の場合と同じく金額がすべて非公開だった。

この部分の支出は三五項目。ご夫妻はオランダ・アムステルダムのホテルオークラ、スウェーデン・ストックホルムのグランドホテルで答礼晩餐会を主催しており、この費用も報償費からだ。これだけでも、かなりの金額になる。

日本に来た国賓は迎賓館に泊まり、日本側が費用を負担する。それと同様、公式訪問の二カ国では王宮、宮殿、離宮に宿泊したため、両国ではご夫妻のホテル代はかかっていない。

庁費から四五三八万円

一方、随員関係など、その他の費用は宮廷費の「庁費」からで、すべての項目が公開された。この時、東京から同行したのは、首席随員の橋本龍太郎元首相以下一八人。一泊一三日の旅行にかかった「庁費」は四五三八万円である。

支出は一一四項目。目的別、国別に支出を分類して、どんな使われ方をしたのかを表7にまとめてみた。お金は、それぞれの国の日本大使館に送られ、大使館員が各国ごとに出納を扱っている。経費のまとめ方も統一されていない。スイスでは、当初予定されていた首都ベルンに行かなくなり、おさえていたホテルから二万三八二〇スイスフラン（当時のレートで約一五〇万円）のキャンセル料をとられている。

庁費の支出は一三日で四五三八万円だから、一日当たり三四九万円となる。国内旅行よりかなり割高だ。車借り上げ経費のように、国内では道府県が負担する分を、宮廷費から出さなければならないためである。

日本との往復、各国間の移動は航空自衛隊が運航する政府専用機である。燃料代、駐機代などの経費は防衛庁が負担し、宮廷費からの支出ではない。

表７　オランダ、スウェーデン公式訪問（2000年5月）関係の宮廷費（庁費）の経費

	スイス（3泊）	オランダ（3泊）	フィンランド（2泊）	スウェーデン（3泊）	計
	立ち寄り	公式訪問	立ち寄り	公式訪問	
随員宿泊（キャンセル料含む）	550万円	118万円	28万円	332万円	1028万円
随員食事、大使食事会など	115万円	13万円	20万円	29万円	177万円
公室借り上げ	85万円	129万円	399万円	134万円	747万円
車（事務用、報道陣用）借り上げ	213万円	385万円	172万円	648万円	1418万円
記者会見関係（会場設置、機材借り上げ）	89万円	160万円	95万円	326万円	670万円
電話、ファクス、コピー（通話・使用、設置）	65万円	73万円	5万円	159万円	302万円
相手国との打ち合わせ	59万円	55万円	12万円	3万円	129万円
雑費（荷物梱包、印刷）	6万円	47万円	0万円	13万円	66万円
合　計	1184万円	981万円	730万円	1644万円	4538万円

（注）四捨五入の関係で、各項目の計と合計が一致しない場合がある。

第三章　内廷費

1　天皇は通帳を持たない――内廷費の性格

税込み七億円

「内廷」とは、もともと后妃、女官の住む殿舎など宮中の奥の建物を指す言葉だったが、次第に、天皇の周辺、私的生活一般を表すようになった。美智子さま、皇太子さま、雅子さま、愛子さま、紀宮さまの五人を「内廷皇族」と呼び、宮家皇族（内廷外皇族）と区別することもある。

内廷費は天皇家六人（天皇陛下と内廷皇族五人）の私的費用に使われる。内廷費と書くと難しく聞こえるが、天皇家の日常生活を思い浮かべればいい。例えば食事である。天皇家も毎日、晩餐会があるわけではない。天皇夫妻と紀宮さまは、御所で家族水入らずで食事をとる場合が多い。私的な食事でも宮内庁大膳課の調理人（主厨ら）が作るが、食材の仕入れは内廷費が充てられる。

内廷費が三億二四〇〇万円であることを見て、「こんなに給与があれば、どんなにぜいたくに暮らせるのか」と思う人もいるだろう。さらに、所得税と住民税が課せられないことも忘れてはならない。会社員で言うと税引き後の手取り金額に当たる。会社員が三億二四〇〇万円の手取りを得るには、どのくらいの税込み給与が必要だろうか。内廷費を天皇一人の給与所得、控除は約三六〇万円との仮の前提条件を置くと、税込み給与は約六億〇一〇〇万円が必要という国税庁の試算がある（一九九六年三月、衆議院内閣委員会）。天皇家の方々は健康保険、年金、労働保険も払う必要がない。こうした条件を考えると、七億円以上を稼がないと内廷費と同額の手取りは得られない。

ため息が聞こえそうだが、実際はそう単純ではない。これから、内廷費の世界を検証してみよう。

監査と決算も

宮内庁は「内廷費は天皇家の私経済に属する」という言い方をする。皇室経済法は「内廷費として支出されたものは、御手元金となるものとし、宮内庁の経理に属する公金としない」としている。会社員が給与の使い道を詮索されないのと同じ感覚で、プライバシーだからと、国会もメディアも内廷費の細部に触れない傾向が強く、それゆえ誤解も多い。

「内廷費の管理は天皇陛下自身がするのか、皇室でも家計を預かるのは妻である美智子さまなのか」「皇太子夫妻にはどのように家計費が渡るのか」……と疑問がわくだろう。天皇名義の銀行口座があると思う人がいるかも知れないが、そうではない。

内廷費は年四回、八一〇〇万円ずつに分けて口座に振り込まれる。口座の名義人は「内廷会計主管」。宮内庁には「皇室経済主管」という部長級の役職がある。この官僚が内廷費を扱う時は、内廷会計主管と肩書きを変える。内廷費の収支の責任者で、実際に財布を握っている人物だ。

内廷費のすべてを天皇が自由に使えるわけではない。年度始め前に、宮内庁の関係部局長（長官、次長、侍従次長、東宮大夫《だいぶ》、式部官長、書陵部長、管理部長）でつくる「内廷会計委員会」が予算を決める。年度が終わると、他の部局長による「監査委員会」が監査し、監査委員はさらに「決算委員会」に報告する。

一対二の法則

内廷費の使途についてこれまでに、簡単な項目別の比率が国会で明らかにされている。この方式での公表は一九七四年、七七年、八〇年、八四年、九〇年の五回。大まかには人件費と物件費に大別され、さらに物件費が六項目に細分されている。

人件費と物件費の比率は一対二で、七四年以後まったく変わっていない。また、物件費の六項目の数字もほとんど動かない。そこで現在の内廷費三億二四〇〇万円を、九〇年の比率に掛け合わせて、各項目の具体的な金額を算出してみたのが以下である。

A	人件費	三四％	一億一〇一六万円
B	物件費	六六％	二億一三八四万円

①用度費	一八%	五八三二万円
②食饌費	一三%	四二一二万円
③恩賜金《おんし》・交際費	九%	二九一六万円
④教養費・旅行費	七%	二二六八万円
⑤祭祀費	八%	二五九二万円
⑥その他雑費	一一%	三五六四万円

天皇家の雇用人

天皇家のお世話にあたる侍従職（定数七八人）、東宮職（定数四七人）で働く侍従、女官以下ほとんどの職員は国家公務員だが、これとは別に天皇家が私的に雇用している人たちがいる。「内廷職員」と呼ばれる二五人である。

内訳は、掌典《しょうてん》七人▽内掌典《ないしょうてん》四人▽仕女一〇人▽生物学御研究所、御養蚕所職員四人。

内廷費の内訳の「Ａ　人件費」とあるのは、この内廷職員たちの給与である。

掌典と内掌典とは、皇居にある宮中三殿の「神職」のことだ。一般の神社で言えば、掌典（男性）は神官に当たり、内掌典（女性）は巫女に相当する。新憲法で政教分離の原則が示され、宮中三殿での宗教活動に国が関われなくなった。掌典と内掌典を公務員として雇用するわけにいかなくなり、天皇家の私的雇用人となった。

仕女とはお手伝いさんのことで、内掌典の身の回りの世話をしたり、宮中三殿で下働きする女性のことである。掌典、内掌典と同様、仕事の内容から私的雇用人になっている。

生物学御研究所は、皇居にあり、昭和天皇が海洋生物を研究していた場所だ。御養蚕所はやはり皇居内にあり、歴代皇后が養蚕にあたっている。ともに私的なものと位置付けられ、職員の多くは私的雇用人である。

内廷職員の給与は、国家公務員に準じるが、健康保険と年金の扱いは異なる。健康保険は政府管掌保険を使う。一般には健康保険組合がない中小事業所の従業員が加入するものだ。天皇家も「事業所」の認定を受け、加入が認められている。年金は公務員に比べ不利なので、日本生命のグループ年金にも併せて加入している。

人件費一億一〇一六万円を二五人で割ると、四四〇万円強になる。掌典の一部は行事のときだけ、御養蚕所職員も養蚕の季節だけ働く非常勤だから、単純に頭数で割った年収の平均はそう高くならない。

宮中の奥深くで働く内廷職員はどんな人たちなのだろうか。特に外界の「穢れ」に触れないように内掌典はほとんど外出せず、宮内庁職員でもあまり目にしない。

内掌典は、未婚女性が就くとされる。私が宮内庁担当記者だった当時、年長者一人の他は、地方の神社の若い娘さんで二年交代だった。一度だけ宮内庁病院で内掌典を見たことがある。髪型が特徴的で、江戸城の大奥の女性のようだった。そのまま新宿や渋谷の街を歩けばかなり目立つ。

高橋紘氏の『天皇家の仕事』の記述を借りると、髪形には、頭のてっぺんを結び、かんざしを差す「ときさげ」、ハート型の和紙を芯にして毛髪を張り付けるシイタケ型の「おさえ」の二パターンがあるそうだ。病院などへ外出した後は、潔斎といって身を清めなくてはならないという。

都心の真ん中にはこうした浮世離れした世界があり、彼女たちの給与も天皇家のプライベートマネーで支払う。内廷費の三分の一は、人件費（経常的経費）に消えてしまう。

侍従九人、女官七人

ここで、内廷職員ではない「オク」の国家公務員たちも見ておこう。侍従は外務省出身の渡辺允・侍従長以下九人。旧自治省、文部科学省などの中央官庁から派遣されてくる人もいれば、長年、ご夫妻側近を務める人もいる。

女官は井上和子・女官長以下七人。侍従と同様、泊まり勤務があるため、未亡人など夫がいないことが必須条件になっている。女官の下に女嬬《にょじゅ》という下級女官が四人いて、さらにその下の女性（かつては雑仕《ざつし》と呼ばれた）が五人いる。男性では御所の管理にあたる殿部《でんぶ》六人、その下の仕人《つこうど》一一人、天皇の服装関係を担当する内舎人《うどねり》五人がいる。

侍医は四人で、二四時間交代で御所に詰めている。他に医務係は一人。残りは事務関係がほとんどだ。

皇太子夫妻と愛子さまを担当する東宮職は、侍従五人、女官五人、侍医三人……と侍従職をやや小振りにした体制だ。

物件費

一方、内廷費の内訳のうち、六六%を占める「B　物件費」の使い道は様々だ。

①「用度費」は、天皇家の方々の私的な衣服や、身の回り用品などの費用である。紀宮さまのメガネなどの小物から、美智子さまの装飾品、皇太子さまのカメラのように少し値の張るものもある。

②「食饌費」は、日常の食事だけでなく、親類や友人との個人的な会食、愛子さまの誕生会などの内宴、厨房器具にも充てられる。御料牧場からの生産品は無料で支給されているから、ここでは御用達業者から仕入れる分だ。

③「恩賜金・交際費」には、日本赤十字社（日赤）、結核予防会など社会事業への奨励金、中央共同募金会などへの寄付、日本学士院、日本芸術院の恩賜賞受賞者への銀の花瓶など経常的に経費が計上されているものがある。一方、災害時の都道府県への見舞い金、神社への幣帛《へいはく》料などは、必要に応じて支出先が決まる。この恩賜金については、第五章で改めて検討する。

④「教養費・旅行費」は、天皇陛下の魚類の研究、皇太子さまの歴史研究などのほか、

愛子さまの教育費、御用邸への静養など私的な旅行経費に充てられる。

⑤「祭祀費」は、宮中三殿と、全国の天皇陵での神事に関する経費のことだ。掌典、内掌典の衣装、サカキなどの神事用品の代金もある。掌典、内掌典の給与と同じように、神事に国費を支出できないため、内廷費で賄う。

お小遣いは五〇〇万円？

最後に残った⑥「その他雑費」（三五六四万円）には、医薬品代など他の項目に含まれない文字通りの雑費のほか、狭義の「御手元金」、つまり皇室の方々のいわば「お小遣い」が含まれる。私物を買うために使うお金だ。

お小遣いの金額は不明だが、「その他雑費」の七割、二五〇〇万円と推定してみると、天皇家五人の成人では一人当たり五〇〇万円になる。多いか少ないか、議論が分かれるだろう。

ただ、自分の財布から衣食住の負担がないことも考える必要がある。私服は用度費、食費は食饌費と、内廷費の他の項目から支払われるし、住まいに関する支出の大部分は宮廷費が賄う。医療費も宮内庁病院に通えば無料だ。

すると、お小遣いの使い道は非常に限られる。一般のお金持ちのように海外でバカンスを過ごすことも、高級車を買うこともない。せいぜい、家族や友人へのプレゼントや、どうしても自分で買いたいものを、デパートの外商部を通じて購入するぐらいだ。すると五〇〇万円はかなりの使い出があり、実質的には預金に回る部分が多いのではないか。

委託費

宮内庁は「内廷費＝私経済」と位置付ける。しかし、私はこの定義に疑問を持っている。

これまで見たように、内廷費は予算、監査、決算と厳密な手続きを経る。戦前は宮内省予算の一部だった掌典、内掌典の給与も含む。奨励金や寄付など、半ば公的な経費など経常的な出費も多い。家長である天皇陛下が全くの自由裁量で使えるのは、狭義の「御手元金」などに限られる。いずれの事実も、内廷費が会社員の給与とは異なり、まったくの「私経済」とは言い切れない側面を示している。

序章では、分かりやすさを優先して、内廷費は天皇家へのサラリーと書いた。確かに、公務への対価という性格がまったくないわけではない。

ただ、宮中祭祀に注目してみると、憲法上、国が関われない事業を委託された形にも見える。「個人事業主」である天皇家が国から「事業」（宮中祭祀）を請け負い、雇用人（掌典、内掌典）の給与を出していると捉えることもできるのだ。その意味で、内廷職員の健康保険のために、天皇家が「事業所」の認定を受けているのは興味深い。

2　愛子さまの授業料――皇室の公と私

男女〝区別〟

序章でも述べたが、天皇家の公私の区別は曖昧である。皇室は存在自体に公的な意味がある。ある支出を、天皇家のポケットマネーである内廷費で支払うか、公費である宮廷費にするかは非常に微妙だ。

例えば、愛子さまが将来、学習院初等科に通う時、授業料は内廷費扱いになる。ところが、愛子さまが男の子だったとしたら、授業料は宮廷費だ。男女で扱いが異なる。

これには女性天皇が認められていないという背景がある。つまり、ご夫妻に生まれた男の子は将来、皇位に就く可能性が高い。教育は、天皇としての素養形成の一環だ。昭和天皇が特設の「御学問所」で杉浦重剛ら一流学者に学んだように、「帝王学」の伝統もある。皇位継承者の教育は国が費用を負担する。

一方、愛子さまは、今の皇室典範では皇位に就く可能性はない。いずれ結婚すれば皇室を離れる。法改正され女性天皇が容認されれば、愛子さまの授業料も宮廷費に切り替わるだろう。

ハブラシとヘアブラシ

内廷費と宮廷費の線引きについて、「ハブラシとヘアブラシほどの微妙さだよ」と説明してくれた宮内庁幹部がいた。ハブラシは私的なものだから内廷費で購入することに疑いがない。ヘアブラシも私的な物だが、「身だしなみ」という公的な性格を考えれば、宮廷費で支出することも可能だというのだ。

新憲法下に内廷費と宮廷費の区別ができて以来、宮内庁は実際の予算執行の中で、線引きの先例を築いてきた。例えば――
▽天皇誕生日の祝宴は、天皇の地位を考えて宮廷費から。しかし、皇后誕生日は天皇と同じように三権の長の祝賀を受けるものの私的行事とされ内廷費扱い。
▽皇太子さまが学者から進講を受けた場合、「帝王学」の一環だから宮廷費から謝礼を払う。しかし、天皇に就いた後は帝王学の必要はない。このため、天皇陛下への進講は内廷費扱いになる。これには天皇が直接、謝意を示す意味もある。
▽皇太子さまがかつて語学を習っていた時、謝礼は宮廷費扱いだった。語学は天皇に必要な素養と判断された。しかし、趣味のビオラのレッスンは個人的な趣味とされ、内廷費払いだった。
　もっとも、実務でどんな線引きになっているのか、実際は明らかでない場合が多い。例を挙げると、美智子さま、雅子さまの衣服は、私用は内廷費、公式行事用は宮廷費とされるが、服を完全に公私に分けているとは思えない。まして、靴下や肌着となると公私の区別は無理だろう。何を宮廷費にするかの判断は宮内庁任せだ。

広がった「公」

皇室の「公」と「私」が最も議論になったのは、昭和から平成への一連の代替わり儀式を巡ってだった。

一九八九年二月に行われた昭和天皇の葬儀は、皇室（私的）行事である「葬場殿の儀」と国家（公的）行事「大喪の礼」が同じ場所で引き続き行われた。「葬場殿の儀は私的な宗教行事なのだから、内廷費で」との意見もあった。結果的に「葬場殿の儀」は宮廷費、「大喪の礼」はさらに国の関与が強い総理府予算が使われた（祭壇のサカキなど神道色が非常に強いごく一部だけは内廷費）。政府は「（私的な宗教行事であっても）天皇は象徴であり、葬儀は国民的敬弔の対象という公的性格を持っている」と説明した。

同じ判断は九〇年一一月の大嘗祭《だいじょうさい》にも引き継がれた。天皇家の祖先に新穀を供え、国民安寧と五穀豊穣を祈る皇室独自の儀式である。政府は「伝統的な皇位継承儀式で公的な性格がある」と宮廷費からの支出を認めた。毎年、行なわれているほぼ同種の行事、新嘗祭《にいなめさい》は内廷費扱いである。

新憲法成立から現在への流れを見ると、「公」を広く、「私」を狭く判断する傾向が強まっている。

宗教行事については、津地鎮祭違憲訴訟での最高裁判決（七七年七月）の影響が大きい。「『目的』が宗教的意義をもたず、『効果』が宗教に対する援助、助長、促進又は圧迫、干渉等にならない」という条件があれば、公費を宗教行事に支出しても構わないと判断されたものだ。皇室の神事は、宗教的な目的と効果がないから、公的な性格があれば、公費である宮廷費の使用にお墨付きが与えられた。

3　金額決定のジレンマ――皇室経済の歴史

戦前の自律主義

今の皇室経済のあり方は、歴史を遡ってみると、より鮮明になる。明治からの流れを概観してみよう。

大日本帝国憲法は「天皇ハ神聖ニシテ侵スヘカラス」と記していた。明治の建国者たちの関心は、国家の頂点に皇室を置くことだったと言っていいだろう。

自由民権運動に伴う国会開設運動の高まりに対し、明治政府は、皇室財政と国家財政の分離を図った。予算審議を通じて、国会が皇室に口出しするのを防ぐためである。具体的には国家財政の外に収入を得るため、皇室が林業経営に取り組むことにした。いわゆる「御料林」である。

御料林は、北海道・夕張、静岡の大井川流域、岐阜・木曾など全国に散らばり、「金のなる木」と言われるほど莫大な収益を上げた。この利益を元手に皇室は株式、国債の有価証券への投資にも乗り出した。

一応は国家財政からの予算もあった。国会開設前（一八八七年度）に二五〇万円と決まり、一九一一年度に四五〇万円と改定されて以降、敗戦の年まで据え置かれた。御料林と有価証券の収入が潤沢だったので、増額する必要がなかったのだ。

皇室が国会審議から独立していることを「皇室自律主義」と呼ぶ。国会が皇室経済をコントロールする戦後の「理念」とは正反対のあり方だった。

帝室統計書

戦前の皇室経済は国会審議を経ず、国民とメディアが詳細を知ることはなかった。だが、今ではかつての概要が明らかになっている。宮内省が年度ごとに『帝室統計書』という報告書をまとめており、それが見つかったためだ。

その存在と重要性に気づいたのは、財政学の研究者、大沢覚氏である。一八八八年度から一九一六年度版が確認され、その間の皇室財政はかなり判明している。『帝室統計書』は九三年、柏書房から復刻された。

明治から大正にかけての皇室予算は、

A　①神事費、②宮廷内費、③宮廷外費、④宮殿費、⑤皇族家費、⑥恩賜、⑦給与費、⑧庁用費——からなる常用部（一般会計）

B　⑨御料部（林野）費、⑩学習院費、⑪博物館費、⑫牧場費——の事業費

の二つで構成されていた。

②宮廷内費が、天皇と内廷皇族の日常生活費で、今の内廷費のコアの部分に当たる。①神事費と⑥恩賜を加えたものが、現在の内廷費に近い。

一九一三（大正二）年度の『帝室統計書』から、神事費、宮廷内費、恩賜の決算を抜

き出してみた（表8）。興味深いのは、宮廷内費が、御費（天皇の費用）、皇后宮費、皇太后宮費、東宮（皇太子）費……と一人ひとりに細分化されていることだ。天皇家のメンバーごとに予算が割り当てられ、それぞれに使途が決まっている。

このやり方は現在も引き継がれ、雅子さま用の「皇太子妃費」、愛子さまの「敬宮御養育費」などの項目があるようだ。予算が別だから、お金に関しての嫁姑の苦労はない。

戦前から八五年に亡くなるまで毎日新聞の宮内庁担当を務めた藤樫準二氏の『天皇とともに五十年』（七七年）によると、当時、内廷費のうち、昭和天皇夫妻関係が七五％、皇太子（現在の天皇陛下）夫妻とお子さま関係が二五％だったという。今の天皇、皇太子の予算の区分もほぼこんな感じだろう。

国会による統制

天皇家が独自の収入源を持った結果、敗戦当時、三井、三菱、住友などの財閥資産は三～五億円だったが、皇室はそれを大幅にしのぐ三七億円の資産を有していた。連合国軍総司令部（ＧＨＱ）は皇室を財閥の一種とみなし、経済基盤の解体を目指した。

皇室自律主義に対するGHQの厳しい見方は、その後の日本国憲法に反映された。同八八条は「……すべて皇室の費用は、予算に計上して国会の議決を経なければならない」と記す。天皇家の財産形成を厳しく制限し、皇室経済を国会の統制下に置いた。

新憲法施行後初の内廷費（一九四七年度）は八〇〇万円だった。金額は、戦前の実績を基に物価上昇を勘案して算定されたという。宮内府（日本国憲法施行から四九年六月まで、現在の宮内庁は「宮内府」だった）は四七年八月の衆議院皇室経済法施行法案特別委員会で、八〇〇万円の内訳を、

・内帑《ないど》費（今の狭義の御手元金、恩賜金・交際費）二二八万円
・皇子養育費　四五万円
・供膳費（今の食饌費）　七五万円
・旅行費　一三〇万円
・祭祀費　二一万円
・用度費　八三万円
・その他雑費（内廷職員の人件費を含む）　一一八万円

	皇后宮費	皇后宮費		18万6000円	30万4215円	
		御服御用度費		11万8215円		
	皇太后宮費				42万4119円	
	東宮費	御内儀用		1万6660円	16万9948円	
		内膳費	供御費	6778円		
			御内宴費	236円		
			賜饌費	3031円		
			庖厨費	5000円		
		御用度費	御服費	1万2550円		
			御用度費	2万3712円		
		贈賜	贈賜金	2万0486円		
			贈賜品費	9168円		
		其他諸費		7万2328円		
	御直宮費	泰宮御養育料		5万7200円	15万1575円	
		皇子（淳宮、光宮）御養育料		9万4375円		
	医薬費				1万3283円	
恩賜	公賜金				8万7959円	85万9909円
	特賜金				74万0343円	
	公賜物品費				7645円	
	特賜物品費				1万4386円	
	公賜供物費				153円	
	其他費				9422円	

（注）分かりやすいように、一部独自の区分けを入れた他、一部簡略化した。四捨五入の関係で、各項目の計と合計が一致しない場合がある。

1913年度当初の天皇家メンバーには、昭憲皇太后（62歳）、大正天皇（33歳）、貞明皇后（28歳）、皇太子（昭和天皇、11歳）、淳宮（秩父宮、10歳）、光宮（高松宮、8歳）、泰宮内親王（明治天皇の皇女、のちの東久邇宮稔彦王妃聡子、16歳）がいた。

表8　1913（大正2）年度の皇室決算（神事費、宮廷内費、恩賜）

神事費		祭典費	賢所、皇霊殿、神殿（宮中三殿）諸祭費	1万4437円	4万9794円	33万8593円
			例祭費	157円		
			（伊勢）神宮祭費	5142円		
			賀茂祭費	250円		
			男山祭費	1064円		
			春日祭費	250円		
			陵墓祭費	1102円		
			官幣社祭費	1万0656円		
			国幣社祭費	2710円		
			権殿及山陵祭費	8591円		
			其他諸祭費	5435円		
		陵墓費	陵墓諸費	1万2592円	28万8799円	
			陵墓土木費	5万3389円		
			陵墓取調費	1079円		
			其他諸費	22万1738円		
宮廷内費	御費	御内儀用		6万6000円	64万9834円	192万0602円
		内膳費	供御費	5万7002円		
			御内宴費	6522円		
			賜饌費	4万4920円		
			贈賜食品費	2万4555円		
			庖厨費	5万9019円		
		御用度費	御服費	5万8209円		
			御用度費	15万5685円		
		贈賜	贈賜金	14万0476円		
			贈賜物品費	2万7480円		
		京都御所御物保存費		1180円		
		其他諸費		8694円		
	幸啓費	葉山幸啓費		6万7242円	20万7627円	
		日光幸啓費		8万7589円		
		京都幸啓費		5万2796円		

と明かしている。

物価高騰で翌年度の内廷費は二〇〇〇万円と大幅増額されたが、当局は内訳を同じように明らかにした上で、天皇家が得た有価証券と預金による収入を一六万円余とまで答えている。

使途を五〜一〇年に一度、しかもパーセントでしか明かさない現状と比較すると、かなりのオープンさだ。敗戦直後の国会には「国民の代表の自分たちが内廷費を審議する」という使命感があり、政府もそれを認めていた。皇室財政に厳しい目を向けるＧＨＱの存在も大きいが、新しい時代の雰囲気があったのだろう。

内掌典の年収も

毎年、皇室関連予算が審議されることで、皇室経済における国会の役割はおのずと高まる。だが一方で、定額制の内廷費について、どのタイミングで改定するのか、値上げの理由や幅の根拠をどう示すかが問題だった。国会による統制の理念からすれば、使途を明らかにして審議を受けるのが筋だ。ただ、何をいくらで購入するのかなど一つひとつの支出項目までチェックするのは、プライバシー侵害の面もある。内廷費審議のジレンマである。

模索がいろいろあった。独立を回復した初年度（一九五二年度）、内廷費は二九〇〇万円から三〇〇〇万円に値上がりしたが、その際英国の王室費と国民一人当たりの平均所

表9　内廷費の変遷

改定年度	内廷費	アップ率
1947	800万円	
1948	2000万円	150.0%
1949	2800万円	40.0%
1951	2900万円	3.6%
1952	3000万円	3.4%
1953	3800万円	26.7%
1958	5000万円	31.6%
1961	5800万円	16.0%
1963	6000万円	3.4%
1964	6800万円	13.3%
1968	8400万円	23.5%
一割ルールの制定（1968年12月）		
1970	9500万円	13.1%
1972	1億1200万円	17.9%
1974	1億3400万円	19.6%
1975	1億6700万円	24.6%
1977	1億9000万円	13.8%
1980	2億2100万円	16.3%
1984	2億5700万円	16.3%
1990	2億9000万円	12.8%
1996	3億2400万円	11.7%

得を比較して額の参考にしたという。前年、昭和天皇の母、貞明皇后が亡くなり、これも金額決定の際、考慮された。

他にも、いろいろな具体的要因が審議対象とされた。六〇年代、当時の皇太子、義宮（現在の天皇陛下、常陸宮さま）の成長による交際費増大、結婚費用、外国交際の増加など増額の理由が一つひとつ挙げられていた。

内廷職員の給与額を答えたこともある。瓜生順良・宮内庁次長（当時）は六三年二月の参議院内閣委員会の答弁で、内掌典には今大路フジ（六一）、三上下枝（五五）、高谷朝子（三八）、吉田寿子（三七）の四人がいて、年収はそれぞれ二万九九〇〇円、二万九〇〇〇円、二万五六〇〇円、一万九四〇〇円と明らかにしている。詳細をどこまで明かすか、国会や宮内庁にも試行錯誤があったのだ。

4　閉じたカーテン――「一割ルール」の制定

皇室経済懇談会

内廷費審議のジレンマは、高度経済成長期になるとより深刻になる。物価の急激な上昇と人件費の高騰で、内廷費は毎年のように改定の必要が出る。その都度、理由と上げ幅を説明するのは大変な作業だった。天皇家の家計をなるべく明かしたくないという宮内庁の秘密主義も次第に強くなった。

宮内庁は改定基準を定め、ジレンマを一挙に解決しようと図る。役所内部の検討で原案をつくり、審議会での決定を経る手続きがとられた。審議会は一九六八年一二月に開催された「皇室経済に関する懇談会」である。メンバーは、佐藤栄作首相以下、衆参両院の正副議長、蔵相、総務長官、宮内庁長官、会計検査院長だった。

決められた改定基準を、ここでは「一割ルール」と呼ぶことにしよう。それは、

・人件費は、人事院勧告を基にした国家公務員給与改善率を利用する
・物件費は、消費者物価指数（東京都区部総合）を利用する
・二指数を基に計算される増額分が、それまでの額の一割を超える場合、改定する

という基準だ。

自動スライド

具体的な算定を、二億九〇〇〇万円から現行額に改定された前回（一九九六年度）の改定でみてみよう。二億九〇〇〇万円の内訳は、宮内庁発表の比率（人件費三四％、物件費六六％）から、人件費九八六〇万円、物件費一億九一四〇万円である。

人事院勧告の数字を指数化して計算すると、前々回改定の九〇年度から国家公務員給与は一・一五〇八倍（一五・〇八％アップ）になっていた。物件費は、消費者物価指数が一・〇九六倍（九・六％アップ）だった。これを基に次のように計算する。

（人件費九八六〇万円×一・一五〇八）＋（物件費一億九一四〇万円×一・〇九六）

≒三億二三二四万円

四捨五入の関係で、実際には三億二四〇〇万円と算出された。二億九〇〇〇万円から一一・七％のアップとなり、一割の改定基準を超えたので改定――という仕組みである。幅が一〇％以下だったら、金額は据え置かれる。

二つの指数を使い、過去の額を自動的にスライドできる仕組みだから、宮内庁にとっては、値上げ根拠に頭を悩ませなくていい便利なものだ。使途を詮索されることなく改定できる。極論すると「基準に達したので改定します。詳細は私経済に属するので、ご勘弁を」で済んでしまう。ジレンマはかなり解消された。

内廷費は「聖域」

しかし、一割ルールは、皇室経済に対する国会による統制の原則を制限したと見ることもできよう。内容の審議を経ることなく、増額が可能になったのだ。実際、内廷費に関する国会審議はその後、大幅に減った。敗戦直後にオープンになった皇室経済議論に再び菊のカーテンが下ろされたと言ってもいい。

例えば、天皇家の人数も時々で変化する。ルール制定以後、七人だった時期もあれば五人に減った時もある（表10）。当然、経費が変わるはずだが、一割ルールでは個別理由は一切考慮されない。

また、一割ルールは、過去の実績額がスライドする仕組みだから、支出削減への動機付けは希薄になる。ルール制定以降、内廷費は「聖域」化し、支出を巡る深い議論は減ってしまっている。

表10　戦後、天皇家の家族構成の変遷

	47年	51年	52年	53年	60年	65年	66年	70年	89年	91年	94年	01年	02年
貞明皇后	○	○											
昭和天皇	○	○	○	○	○	○	○	○					
香淳皇后	○	○	○	○	○	○	○	○	○	○	○		
天皇陛下	○	○	○	○	○	○	○	○	○	○	○	○	○
美智子さま					○	○	○	○	○	○	○	○	○
常陸宮さま	○	○	○	○	○								
孝宮（鷹司和子さん）	○												
順宮（池田厚子さん）	○	○	○										
清宮（島津貴子さん）	○	○	○	○									
皇太子さま					○	○	○	○	○	○	○	○	○
雅子さま											○	○	○
敬宮（愛子）さま													○
秋篠宮さま							○	○	○				
紀宮さま								○	○	○	○	○	○
総人数	8	7	6	5	6	5	6	7	6	5	6	5	6

（注）各年度初頭での人数。系図は163ページ参照。

デフレで値下げ？

さらに、なぜ「一割」だったのかを考えると別の問題点も見えてくる。

制定当時の物価上昇率は五％程度だった。内廷費は定額制なので、毎年の改定は適当でない。しかし高度経済成長期だから、毎年、物価は上がる。このため二年に一度、改定できるように一〇％（一割）という数字が選ばれた。ルールは高度経済成長の産物というわけだ。

制定から一九八〇年までは、確かにほぼ二年に一度の改定だった。ところが、低成長時代になっても、基準を変えていないゆえの問題が生じている。

八〇年代と九〇年代は平均五年に一度しか改定されていない。内廷費審議は少なくなったといっても改定時に議論は起きる。改定の回数が減れば、結果的に貴重な審議の機会はさらに減ることになる。

また、前回の九六年度の改定以後、国家公務員給与と消費者物価はほぼ横ばいで、このままではいつになっても内廷費の増加見込み額が現額の一割を超すことはないという新たな問題も生じている。

さらに近年、デフレが進んでいる。一割ルールは値上げの基準だから、値下げの事態は想定していない。二〇〇二年度の対前年比では、国家公務員給与も消費者物価指数もマイナスだ。事態を放置すると、改定の機会が訪れないどころか、内廷費が過剰な状態が長期化する可能性がある。

一九九五年一二月、鎌倉節・宮内庁次長（当時）が記者会見で、一割ルールを「硬直している」と指摘。有識者を招いて基準見直しを検討する考えを示した。当時、私が取材した感触では、「一割」の基準を緩和し、柔軟に増額する仕組みを検討していたようだが、その後、動きは途絶えている。

第四章　天皇家の財産

1　皇室は借家住まい——資産の実態

鴨場のプロポーズ

一九九二年一〇月、雅子さまがプロポーズを受けたのは千葉県市川市の新浜鴨場だった。宮内庁が各国の駐日大使や国会議員らの接待に使っている施設で、広さは一九万五八三二平方メートル。池や木立に囲まれた芝生の庭で、雅子さまは皇太子さまと輪投げ遊びに興じるなどして二人の時間を過ごした。

宮内庁担当記者も年に一度、鴨場で、鴨猟や鴨料理を体験する「見学会」がある。私もこうした機会を利用して新浜鴨場に行ったことがある。皇太子夫妻の結婚から一、二年して同鴨場を訪れた時、テレビ局の女性記者が「こんな広いプライベートなお庭で、僕の家に嫁に来ないかなんて言われたら、私も心が動いちゃうかも」とつぶやいていたことを思い出す。

だが、実は、鴨場はもちろん、皇居や御所も天皇家が国から「借りて」いるものだということを、読者の皆さんはご存知だろうか。

千代田区の二倍の土地

皇室予算に、宮廷費と内廷費の公私の区別があるのと同様、天皇家に関係する資産にも公私の区別がある。

皇居や御用邸などの土地、宮殿や御所のような建物は、天皇家の私有ではなく、国有財産である。正確に言うと、国が皇室に提供するための「皇室用財産」という種類にあたる。

現在の皇室用財産は表11の通り。土地は合わせて、二四六六万平方メートル（二四・六六平方キロ）あり、千代田区（一一・六四平方キロ）の二・一倍。半分近くを広大な

表11　皇室用財産の一覧（2002年3月末現在）

名称	土地	建物（延べ面積）
皇居	115万0436平方メートル	10万7069平方メートル
赤坂御用地	50万8920平方メートル	1万9894平方メートル
常盤松御用地（常陸宮邸）	1万9854平方メートル	1869平方メートル
高輪皇族邸（高松宮邸）	1万9543平方メートル	3466平方メートル
那須御用邸	1222万4708平方メートル	7174平方メートル
須崎御用邸	38万4413平方メートル	5227平方メートル
葉山御用邸	9万5796平方メートル	3321平方メートル
御料牧場	251万8500平方メートル	1万7239平方メートル
埼玉鴨場	11万6415平方メートル	1020平方メートル
新浜鴨場（千葉）	19万5832平方メートル	764平方メートル
京都御所	20万1933平方メートル	1万6525平方メートル
桂離宮	6万9411平方メートル	2123平方メートル
修学院離宮	54万5755平方メートル	1143平方メートル
正倉院	9万0148平方メートル	4325平方メートル
陵墓	651万7240平方メートル	5956平方メートル
合計	2465万8904平方メートル	19万7115平方メートル

（『宮内庁要覧』〈2002年度版〉から）

那須御用邸が占めている。国会提出資料（「国有財産増減及び現在額総計算書」）によると、二〇〇二年三月末現在で四三二四億円の価値がある。

一方、天皇家の私的財産は、内廷費の余剰を貯めた金融資産が主なものだ。銀行に預金するほか、株式、債券など有価証券の形でも保有する。他に天皇家に代々伝わる美術品もある。この章では、主に天皇家の私的財産を検討していく。

雅子さまのヘソクリ

昭和天皇が亡くなった時の資産はおよそ二〇億円だった。これは昭和天皇個人の遺産で、天皇家総体の資産ではない。

そこで素朴な疑問として、天皇家の一人ひとりに個別の資産があるのかという疑問が生じる。例えば、美智子さま、雅子さまは、妻あるいは一人の女性として、自分の財産を持つことができるのだろうか。

宮内庁の職制を見ると、侍従職、東宮職がそれぞれ独立した事務を行っている。財産管理も二職が別々に行う。このため、少なくとも天皇と皇太子の財産は別々に分かれていると考えるのが妥当だろう。

問題は、女性や子供にも個別財産があるかどうかだが、大家族主義、男子優先の皇室では、財産は、家長である天皇、次の家長である皇太子、あるいは前家長の妻、皇太后に集中していると考えられる。したがって、美智子さま、雅子さまには、多額の独自資産はない。

ただし、第三章で見たように、内廷費は一人ひとり個別に予算が立てられる。この余りは、各人あるいは側近が個別に管理しているのかも知れない。美智子さま、雅子さまのいわば「ヘソクリ」である。天皇家の女性たちも、常識的な範囲の蓄えは持つと考えていいだろう。

ただ、財産に関する限り、伝統の世界に生きる女性の立場は強くはない。英国の故ダイアナ元皇太子妃の離婚と同じようなことが、万が一、天皇家に起こったと仮定すると、財産分与が問題になるかも知れない。もちろん、日本では起こり得ないことではあるが……。

バブル直撃

昭和天皇の遺産は一九八九年七月に全容が明らかになった。逝去から半年で相続手続きが終わり、宮内庁が総額を発表したのだ。相続税法の規定で麹町税務署に公示されるのに先立っての措置だった。

遺産約二〇億円から、葬儀の費用の一部（祭壇の供えものなどの内廷費分）、日本赤十字社への寄付五〇〇〇万円を差し引いたうえ債務を整理し、遺産を確定。相続税算出の基礎となる課税遺産額は一八億六九一一・四万円になった。これを二で割った九億三四五五・七万円ずつを、香淳皇后と天皇陛下が相続した。お二人は昭和天皇逝去から一年後、五〇〇〇万円を「長寿科学振興財団」に寄付したから、実際の相続額は、それぞれ二五〇〇万円を差し引いた九億〇九五五・七万円だった（図3）。

香淳皇后の相続分の流れを見てみよう。配偶者は控除により相続税がかからない。内廷費は余分に予算が組んであり、皇室の資産は通常は減少しないはずだ。

しかし、現実は違った。香淳皇后は二〇〇〇年六月に逝去。遺産から日赤、結核予防会、母子愛育会、長寿科学振興財団の四団体に五〇〇〇万円ずつ計二億円が寄付された。

図3　天皇家の資産の流れ

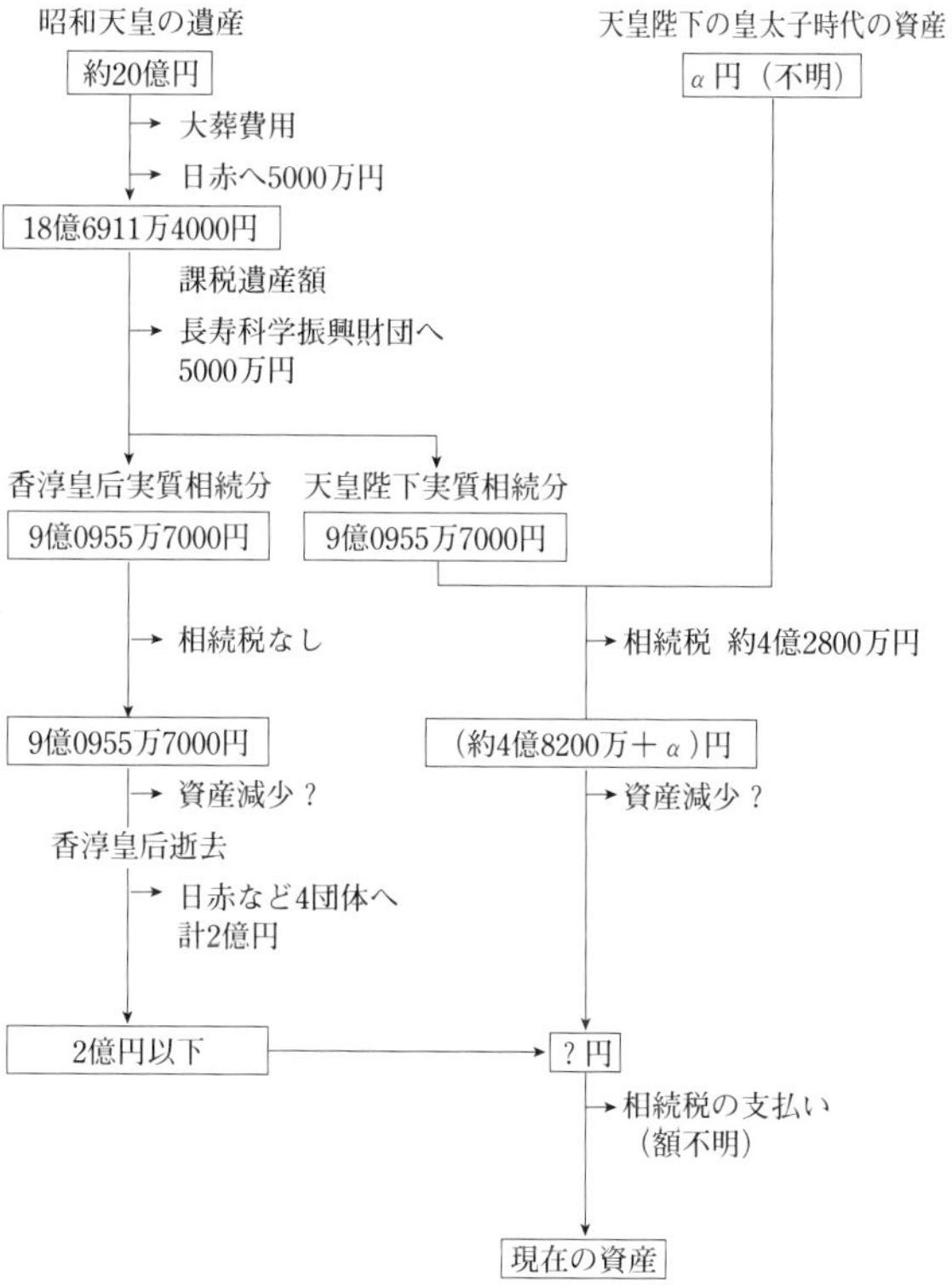
昭和天皇の遺産
約20億円
大葬費用
日赤へ5000万円
18億6911万4000円
課税遺産額
長寿科学振興財団へ
5000万円
天皇陛下の皇太子時代の資産
α円（不明）
香淳皇后実質相続分
9億0955万7000円
天皇陛下実質相続分
9億0955万7000円
相続税なし
相続税　約4億2800万円
9億0955万7000円
（約4億8200万＋α）円
資産減少？
香淳皇后逝去
日赤など4団体へ
計2億円
資産減少？
2億円以下
？円
相続税の支払い
（額不明）
現在の資産

単純計算では、昭和天皇から受け継いだ遺産は少なくても七億〇九五五・七万円はあるはずだ。

香淳皇后の遺産は天皇陛下お一人が相続したが、陛下の相続分（課税遺産額）は公示対象（一人当たり二億円以上）を下回ったとして、遺産額が公示されなかった。つまり、七億〇九五五・七万円以上あるはずの遺産は、二億円以下に大幅に減少していたのだ。

なぜだろうか。闘病生活で費用がかさみ資産を取り崩したという説明もある。ただ、根本的にはバブル経済の崩壊による株価の低迷が原因ではないだろうか。天皇家は株式への投資などで資産を運用するが、時として損失を出すこともあるのだ。

ところで、現在の天皇陛下の資産はどれくらいだろう。陛下は昭和天皇からの遺産九億〇九五五・七万円を相続し、約四億二八〇〇万円の相続税を支払った。また、香淳皇后からの遺産でも再び相続税を支払っている。

皇太子時代の資産がいくらだったかにもよるが、昭和天皇がかつて持っていた約二〇億円よりはかなり少ないと見られる。

投資アドバイザー

では、天皇家の方々はどうやって株を買うのか。天皇自身が電話で証券会社に注文を出しているとは考えられない。では、資産を管理する「内廷会計主管」――実際は皇室経済主管の肩書きの宮内庁官僚――が、証券会社との取引を代行しているのかというと、これも違う。

天皇家には「経済顧問」という私的な投資アドバイザーがいる。一九六五年二月の衆議院予算委員会第一分科会での答弁によると、当時の経済顧問は経団連会長の石坂泰三氏（東京芝浦電気社長）で、その前は三菱銀行頭取を務めた財界の重鎮、加藤武男氏だったという。八九年ごろには元日銀総裁の森永貞一郎氏が務めていた。

さきの六五年の答弁で瓜生順良・宮内庁次長（当時）は「（財産運用の）実際の仕事をされる方として、銀行のほうの関係の人がその下のことをまたやっておられる」と答えている。実際は銀行員が何らかの形で株の売買を手伝っているというのだ。

この銀行はどこだろうか。天皇家の銀行口座の開設先とも関係する興味深い問題だが、関係者の口は固い。ただ、大手行の中には、現在、出身者が侍従を務めている銀行がある。こうした銀行は天皇家と関係が深く、資産運用を手伝っているかも知れない。東京銀行（現・東京三菱銀行）と日本興業銀行（現・みずほ銀行）である。

松下幸之助氏の一％

昭和天皇の遺産が二〇億円と聞いて、すごいと思う人もいれば、思ったより少ないと感じる人もいるだろう。

国税庁の統計によると、二〇〇〇年に二〇億円を超える課税遺産があった人は三〇九人だった。過去、高額遺産のベスト3は——

一位　松下幸之助氏（松下電器産業創業者）　一九八九年死去　二四四九億円
二位　石橋幹一郎氏（ブリヂストン元会長）　一九九七年死去　一六四七億円
三位　神内英樹氏（消費者金融プロミス元副社長）　二〇〇一年死去　一五七八億円

である。美智子さまの父、元日清製粉名誉会長相談役の正田英三郎氏（一九九九年死去）は約三三億円だった。

昭和天皇の遺産は少なくはない。けれども、右の事実と比較すると「莫大」とは言えないだろう。

　興味深いのは宮家との対比だ。八七年に亡くなった昭和天皇の弟、高松宮さまの課税遺産は約四一億円だった。九五年に亡くなった秩父宮勢津子妃は、四〇年以上も女性一人の宮家だったため、高松宮家より少ないが、遺産は約一六億円（課税遺産は約半分）あった。

二〇億円の資産は合憲か

　皇室の財産を考えるとき、日本国憲法の規定を忘れてはならない。八八条前段には、「すべて皇室財産は、国に属する」と皇室は私有財産を持たずの原則が記されている。

　厳格な解釈をすると、あらゆる私有財産が禁じられているとなるが、現実は違う。常識的には、身の回りの物は許されているだろう。衣服などのほか、家具、調度類までは規制されていないと考えられる。逆に明らかに所持が禁じられているものに不動産がある。皇居や御所が国有財産になっているのは、このためだ。

　問題は、ある程度の額のまとまった財産である。「私有財産不所持」の原則があるのに、二〇億円の資産を持つことが許されるのかどうかだ。

八八条は、戦前の皇室が巨額な財産を持ち、政治、軍事上の支出に充てられた反省に立っている。財産が莫大になり影響力が膨らむことで、皇室が国会の統制外に陥る事態を憲法は禁じているのだ。

吉川春子参議院議員（共産党）が一九九〇年四月、「（昭和天皇は）株などで二十億の金融資産があったということですけれども、そういうことで財産形成をされるということは現憲法の予想してないことじゃないかというふうに思うんですけれども、その辺の解釈はいかがですか」と質問したことがある。

これに対し内閣法制局は、「八八条を損ねるような形で、皇室財産が集中、あるいは望ましくない支配力を持つのはよくない」との趣旨を答えた。逆に言うと、過度の集中でない範囲なら、天皇家も「ある程度」の私有財産が認められるという解釈だ。

では、いくらまでの財産ならいいのか。もちろん答えは出ないが、松下幸之助氏ら日本有数のお金持ちと肩を並べれば違憲の可能性が出てくる。そうでなくても、私有財産が直接、間接に社会的影響力を持った場合は、当然問題になるだろう。

昭和天皇の遺産が莫大でなかったのは、この財産制限があるためだ。特に不動産が持てないため、土地バブルの影響を受けなかった。不動産長者との違いである。

資産形成の仕組み

昭和天皇の資産が増えたのは、株式投資など資産の「積極運用」も要因の一つである。特に高度経済成長期には、これが資産増加の柱になっていただろう。

しかし、基本的には毎年の内廷費の余りの積み重ねである。実はここに資産形成の仕組みが秘められている。

一九六八年、内廷費の「一割ルール」が制定された際、改定時にあらかじめ一〇%の予備費を織り込むことにした。支出が超過しない限り、予備費分は資産増加に回せる。

当時は五%の人件費、物価の上昇と、二年間に一度、一〇%の内廷費アップが想定されていた。つまり、改定年は総額の一〇%が資産増加に回せる。二年目は、経費（人件・物件費）が五%上昇するが、依然として内廷費全体の五%が余剰だから、これを預金に回せる。そして、三年目は「一割ルール」に従い、また内廷費が一〇%値上げされ、上

図4　内廷費アップと予備費の概念

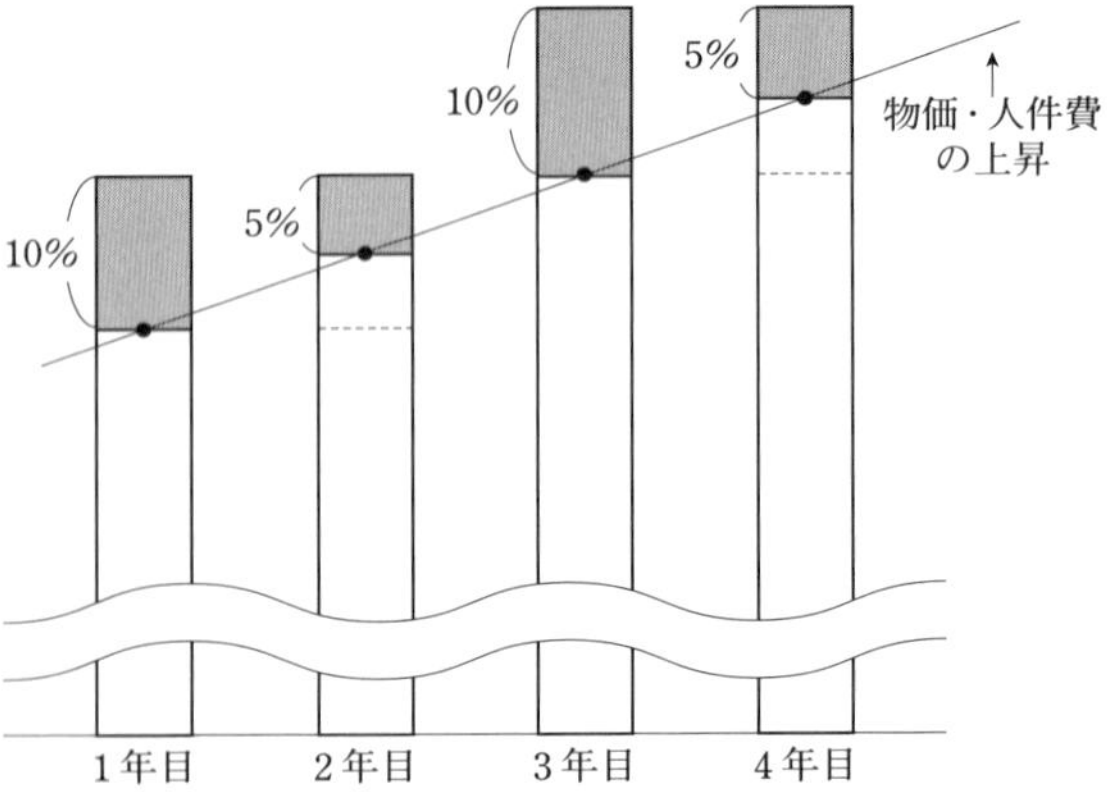

「一割ルール」制定時の想定。網掛け部分が予備費。計算上この部分が余剰になり資産増加に回せる。

昇分が再び余るという算段だ（図4）。

もちろん、計算の上のことで、この通りうまく資産が増加したとは限らない。ただ、資産形成に有利な仕組みではある。

背景には、昭和天皇の代替わり儀式の費用面の懸念があった。当時、葬儀、大嘗祭などが果たして公費（宮廷費）で賄えるのかどうか不確定な面があり、宮内庁幹部は私有資産を増やし、代替わり儀式の費用を内廷費から支出しなければならない事態に備えた。昭和天皇自身も、内廷費を節約し貯蓄に回すように指示していたと言われる。

確かにこれ以外には天皇家が二〇億円

もの資産を必要とする意味はない。老後の備えの必要もないし、毎年の生活費は保障されている。

結果的には、代替わりの儀式は国費（大喪儀と大喪の礼で約四〇億円、大嘗祭は約二二億円）で行われた。宮内庁幹部や昭和天皇の懸念は杞憂で終わったと言っていい。

内廷費の一〇％が予備費であるシステムは今も変わっていない。現在の内廷費三億二四〇〇万円でも一割程度は始めから余剰が見込まれている。

区民税は千代田区、港区へ

全体から見るとわずかだが、天皇家には他にも収入がある。主なものは印税だ。

昭和天皇には海洋生物や植物の著書が多かったが、現在の天皇陛下も魚類図鑑のハゼの項目を執筆したり、二八編の論文（共著を含む）を発表している。皇太子さまも雑誌『山と溪谷』にエッセーを寄せたことがある。これらには印税や原稿料が支払われる。しかし、額は少ないので、小遣い（狭義の御手元金）に回る程度だろう。

また、紀宮さまは週二回、非常勤研究員として山階鳥類研究所に通っている。給与はお嫁入りの時のためにご自身で貯めていると考えられる。

こうした内廷費以外の収入は、預金利子や有価証券からの利益を含め、所得税と住民税がかかる。このうち区民税については、天皇夫妻と紀宮さまは御所のある千代田区に、皇太子夫妻は東宮御所のある港区に払っている。

2 皇室の推奨株銘柄は——資産の変遷

長野県の広さの土地

戦前は、宮内省官僚が使う鉛筆、御料林に生える下草から正倉院宝物まで、すべて天皇の所有だった。皇居や宮殿などの土地、建物も同様である。財産の公私の区別の概念が今と異なるが、少なくとも、今で言う国有財産のカテゴリーには入っていなかった。

敗戦後の一九四六年三月現在、天皇家の財産は三七億一五六三万円（財産税評価基準だった。黒田久太氏の『天皇家の財産』によると、内訳は以下の通りだ（一万円以下四捨五入）。

土地	七億七二六三万円
建物	二億三四一四万円
立木	一六億三九七六万円
船舶	二万円
営林物件	三億〇八四二万円
美術品	四億四九四九万円
雑	六八四二万円
有価証券	二億二〇一二万円
現金預金	五五〇〇万円
（債務）	三二三七万円

「土地」は一三四万九五〇五町歩（一万三三八四平方キロ）だから、長野県ほどの広さが天皇家の土地だった。九六％が御料林だ。陵墓が六四三町歩（六・三八平方キロ）ほ

どあったが、評価不能とされ評価額には含まれていない。

「建物」には、今の宮内庁舎の他にも、宮内省の管轄だった学習院の校舎も含む。

「立木」は、文字通り、御料林の木材である。

「船舶」は御料林に必要な船で、次の「営林物件」も同じく林業経営に必要な物品のことだ。当時の資料によると、皇室所有の森林鉄道は計一一〇五キロあり、蒸気機関車五一台、木材運搬車四三七九台を持っていた。

「美術品」は東京帝室博物館、奈良帝室博物館（現在の東京国立博物館、奈良国立博物館）の収蔵品を含んでいる。両博物館とも戦前は宮内省の管轄で、収蔵品は天皇家の所有物だった。

「雑」は、家畜、楽器、医療器具、債権など。

「有価証券」「現金預金」はその通りとして、「債務」（つまり借財）とは宮内省が旧職員に払うべき恩給（年金）や林業経営上の借金を指す。

敗戦にともない、天皇家は財産税三三億四一六八万円を課税され、ほとんどは物納した。御料林は林野庁に、博物館は文部省に、学習院は財団法人（のちに学校法人）に移った。栃木県日光にあった田母沢御用邸のように県に払い下げられたものもある。皇居などそのまま天皇家が使い続けるものも、国有財産へと移管された。
天皇家の私有財産として残ったのは、金融資産一五〇〇万円のほか、美術品、宝石と身の回りの品だった。

「箱根温泉」「大井川鉄道」株まで

戦前の皇室財産で、興味深いのは、天皇家がどんな株を持っていたかである。大沢覚氏の研究によると、戦前、皇室が株を所有していた企業は、金融関係二〇社、鉄道関係一六社、その他一七社の五三社だった。以下、同氏の『戦前期皇室財政統計』から、具体的に見てみよう。

【金融関係】

①特殊銀行
日本銀行、横浜正金銀行、台湾銀行、北海道拓殖銀行、日本興業銀行、朝鮮銀行、朝鮮殖産銀行、日本勧業銀行

②その他

十五銀行、三井銀行、第一銀行、帝国銀行、三菱銀行、住友銀行、三菱信託銀行、東京海上火災保険、恩給金庫、三和銀行、漢城銀行（一九四三年から朝興銀行）、安田銀行

日清、日露戦争の勝利によって、内外の開発が必要になり、多くの特殊銀行が設立された。天皇家は国策に沿い、ほとんどの特殊銀行で、設立時からの株主となった。さらに第一次世界大戦後の景気後退時に、財閥系銀行が株式を公開して、資金を調達したが、天皇家はこれに投資した。

【鉄道関係】

①一九〇六年前後の国有化以前

日本鉄道、岩越鉄道、京都鉄道、総武鉄道、参宮鉄道、北海道炭礦鉄道、北海道鉄道、京釜鉄道

②御料林関係その他

留萌鉄道、夕張鉄道、天塩鉄道、士別軌道、田口鉄道、坂川鉄道、大井川鉄道、南満

州鉄道

①に挙げた各社は、鉄道敷設の国策に天皇家が協力した形で、国有化によって株は皇室所有の国債に形を変えた。②は、留萌、夕張、天塩、士別が北海道、田口は愛知県、坂川が岐阜県、大井川が静岡県の森林鉄道で、木材搬出の必要から鉄道経営に参加するようになった。

【その他】

大阪商船、日本郵船、湖南汽船（一九〇七年から日清汽船）、北海道炭礦汽船、東洋拓殖、台湾製糖、東京瓦斯、東京電燈（四二年から関東配電）、富士製紙、王子製紙、帝国ホテル、札幌製糖、箱根温泉供給、日本木材、北海道地方木材会社、三菱社、三菱重工業

商船会社、植民地関係、木材・製紙関係が多いのが目立つ。箱根温泉供給とあるのは、箱根大涌谷の皇室所有地を利用して温泉開発を行ったため、土地の現物出資の形で株主になったものだ。同社は現在も存続している。

株式名義は、現在の皇室経済主管に当たる「内蔵頭《くらのかみ》」という宮内官だった。

日本郵船の大株主

戦前、天皇家が株を所有した五三社を挙げたが、このうち、日本銀行、横浜正金銀行、日本郵船の三社が大きな割合を占める。一九二七年で見ると、三社への投資額は五〇九九万円で、株式全体への投資六五七三万円の七八％を占める。特に、天皇家は日本郵船の大株主で、宮内省は監査役を出していた。

戦前もバブルが崩壊し、皇室経済が大打撃を受けたことがある。大沢氏の研究によると、第一次世界大戦直後（一九一九年）、天皇家が株式から得た収入は一三四五万円を記録したが、以後、減少し続け、昭和恐慌時（三一年）には五〇五万円まで落ち込んだ。大戦による船舶ブームで高騰した日本郵船株が大きく下落したなどのためである。

ところで、戦前の持ち株を見ると、天皇家が現在、どんな銘柄を持っているのか、少し見えてくる。

九〇年半ばごろ、宮内庁主計課経験者に、天皇家の持つ銘柄の一部を教えてもらったことがある。オフレコの約束だったので活字にはできないが、投資アドバイザーが財界の重鎮であることからも想像できるように、オールドエコノミー株や公益企業が主だった。

宮内庁の体質から考えても、インターネットや通信関連のベンチャー株を保有することは、まずないだろう。

六〇年代に数千万円

話は敗戦直後に戻る。新憲法が施行された一九四七年五月、天皇家に残された金融資産一五〇〇万円は、「何か大きな出費に備えるため」という名目だった。初年度の内廷費は八〇〇万円だったから、一・八七五倍の私有財産が許されたのである。

現在の消費者物価は、当時の一八倍というデータがある。すると今の貨幣価値にすれば二億七〇〇〇万円程度というところだろうか。そこからどのようにして、昭和天皇逝去時の二〇億円に膨らんだのだろう。

敗戦直後の物価の高騰で、初めの二、三年、内廷費だけでは私的費用が賄えず、一五〇〇万円を取り崩していた。一時、蓄えは一〇〇〇万円までに減少していたという。

しかし、次第に内廷費が余るようになり、財産が回復する。五一年に亡くなった貞明皇后の遺産は五八九万円だった。さらに二年後の五三年六月、宇佐美毅・宮内庁次長（当時）

は衆議院内閣委員会で「(天皇家の資産は)二〇〇〇万円近く」と答えている。

次に天皇家の資産が垣間見えたのは、六一年四月である。瓜生順良・宮内庁次長(当時)が参議院内閣委員会で「ラウンド・ナンバー(大まかな数字)で申しますと数千万円は不時の用に供するためにこれはお持ちになっておるという実情でございます」と答えた。

瓜生次長は同時に、有価証券などによる収入に対する所得税が、五九年分で四一万八〇〇〇円であるとしている。仮に、金融資産総額の五%の利益を得て、一律一〇%が課税されたとすると、資産は八三六〇万円と試算できる。「数千万円」の答弁とほぼ符合する。敗戦後と比べると、余裕が出てきた。

ただ、五九年度の内廷費は五〇〇〇万円である。内廷費を少し超える程度の資産だ。敗戦直後の一・八七五倍と併せて考えても、新憲法施行後十数年で資産が激増したとは言えない。

やはり、資産が急激に伸びるのは、六八年の「一割ルール」の制定による。ちなみに昭和天皇逝去時の二〇億円は、当時の内廷費二億五七〇〇万円の七・七八倍である。

3　三種の神器の所有権――皇室の美術品

三つの仕分け

ここまでは金融資産に絞って見てきたが、続いて、美術品などこの他の私的財産を検討しよう。皇室では、天皇の私的な所有物を「御物《ぎょぶつ》」と呼ぶ。

天皇家が持つ美術品は、国宝級がずらりとそろう。古代、中世、近世から伝わったもの、明治以降の外国賓客からの贈り物、購入品などで、昭和天皇の逝去時には約四六〇〇件を数えた。

実は、戦後の皇室財産整理でも、美術品の所有権ははっきりしないままだった。例えば、皇室経済法には、「皇位とともに伝わるべき由緒ある物は、皇位とともに、皇嗣《こうし》が、これを受ける」とある。「三種の神器」などを想定した規定だが、一体どこまでが「御由緒物」なのか線引きはあやふやだった。昭和天皇逝去とともに宮内庁は明確化の必要に迫られた。

図5　昭和天皇の逝去で整理された皇室の美術品

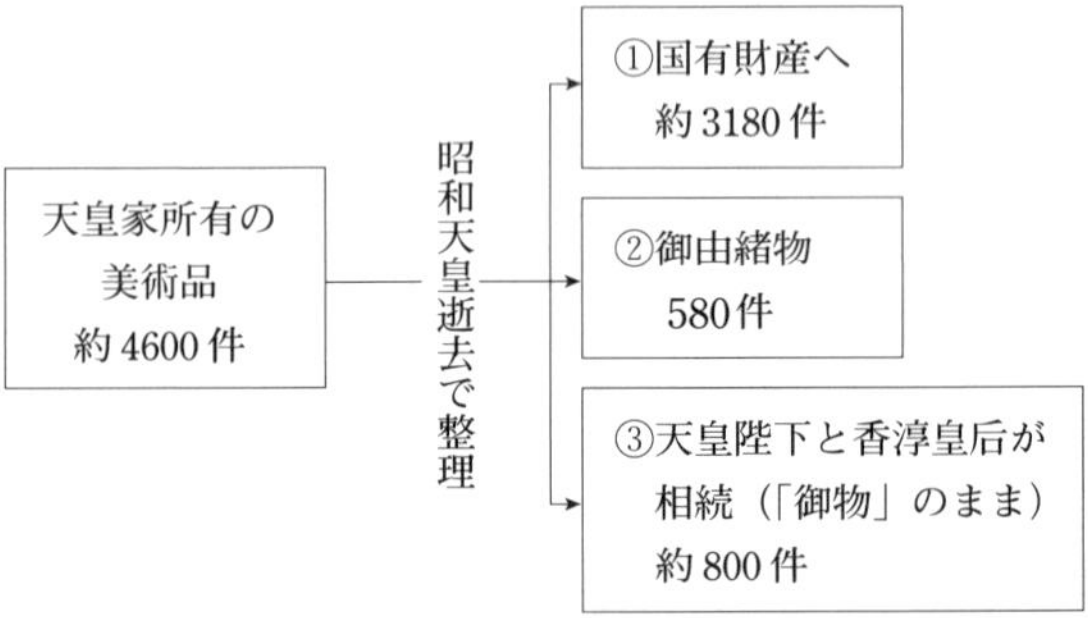

美術品は資産価値が高く、すべてを私有と位置付けると課税額が増えてしまう。このため、

①国有財産

②御由緒物

③御物

の三つに仕分けすることにした。結果として、宮内庁は、①約三一八〇件、②五八〇件を認定。残り③の約八〇〇件を天皇陛下と皇太后（香淳皇后）が相続する形にした（図5）。

今回、情報開示請求に対し、宮内庁は初めて、①と②のリストを公表した。従来は、「整理中」を理由に、何が国有になり、どれを「御由緒物」と認定したかの公表を拒んでいたのだ。

有名な蒙古襲来絵詞

まず、国有財産とされた美術品三一八〇件を見てみよう。内訳は絵画八八〇件、書五六〇件、置物九六〇件、道具類五五〇件……である。これについて、宮内庁が「三の丸尚蔵館収蔵品総目録」を公開し、全容が明らかになった。

国有財産になった品のひとつ「蒙古襲来絵詞《もうこしゆうらいえことば》」は鎌倉時代の元寇を描いた作品だ。一二九三年作といわれ、肥後の武士、竹崎季長の戦功を描いた。元軍が「てつはう」と呼ばれる武器を使用した様子を描き、高校の日本史の教科書の多くが紹介している。熊本・細川家の旧家臣が一八九〇年、明治天皇に献上したもので、間違いなく国宝級だ。

他にも、桃山時代の狩野永徳作とされる「源氏物語図屛風《びょうぶ》」、平安時代の名書家、小野道風の直筆「屛風土代《どだい》」などが有名である。

天皇家は、明治時代から一九三五年まで、院展の入賞作品を買い上げていたため、横山大観など近代画家の作品も多い。坂本竜馬、勝海舟ら幕末の志士たちの書画や、「明治三十七、八年日露戦役写真帖」といった戦争関連の写真もある。メキシコからの「アステカ暦碑文鎮」（金工）など外国からのプレゼントも数多い。

リストには、変わった品も掲載されている。「川口工芸社」が作った「花瓶（東京オリンピック聖火台型）」、「広島市原爆放射熱線直射物（瓦、勲章、ほか）」などだ。後者は厳密には、美術品と呼べないだろう。

こうした品々は従来、侍従職が管理していた。しかし、所有権の明確化に伴い、所蔵、展示施設として皇居東御苑内に「三の丸尚蔵館」がオープンした（九三年）。定期的に企画展を開き、収蔵品を順次、公開している。

同尚蔵館は九六年、廃絶した秩父宮家の遺族から美術品の寄贈を受け、収蔵品は四三九八件（二〇〇一年四月現在）に増えた。その後、香淳皇后が所有していた美術品のうち三一四件が寄贈され、収蔵品はさらに増えている。

御由緒物

さて、仕分けの第二番目「御由緒物」を見てみよう。宮内庁が公表したリスト（「皇位とともに伝わるべき由緒ある物一覧」）を分析すると、これはさらに、

㋐「三種の神器」関連　　五件

㋑儀式関連、古文書類　五五五件
㋒装身具類　二〇件
に区分けできる。
㋐「三種の神器」は、八咫鏡《やたのかがみ》、草薙剣《くさなぎのつるぎ》、八坂瓊曲玉《やさかにのまがたま》のことだ。鏡と剣の本体はそれぞれ、伊勢神宮と熱田神宮にあり、皇居にあるのは「分身」である。他に、皇太子に代々伝わる「壺切の御剣」もある。
この四件に、皇居の宮中三殿を加えた五件が「三種の神器」関連だ。宮中三殿は、約七二七三平方メートルの聖域に建つ賢所、神殿、皇霊殿及び附属施設からなる。ヒノキの入母屋造りで、一般の神社を思い浮かべると分かりやすい。天皇家は不動産を所有しないと書いたが、宮中三殿は唯一の例外だ。
㋑「儀式関連、古文書類」は、京都御所の東山御文庫の収蔵品がほとんどを占める。歴代天皇の直筆の文書（宸翰《しんかん》と呼ぶ）や旧記類である。このほか宮中祭祀に使う太刀や屏風、天皇と皇后の枕刀も含まれる。
㋒「装身具類」とは、冠、胸飾り、腕輪、指輪、扇子、手提げなどで、明治天皇の妻、昭憲皇太后から代々皇后に引き継がれているため、「御由緒物」に入ったようだ。

「御由緒物」は、近代法のくくりで言えば私有財産であるが、かといって売買の自由はなく、天皇の身分に付随する公的な性格を持つ特殊な品々である。だからこそ、相続税法の規定により非課税という特別な扱いを受けている。

「御由緒物」の指定の際、宮内庁は「内閣法制局と相談して決めた」と説明したが、判断の根拠や基準は明確でなかった。「三種の神器」を中心にもっと限定すべきとの意見もあった。例えば、明治天皇が鉄道開業式に臨んだ様子を描いた額「鉄道開業式の図」(一九二一年収蔵)も「御由緒物」となっているが、どんな由緒があるのか、なぜ国有財産にしなかったのかなど、理解に苦しむのは私だけだろうか。

残った「御物」

最後に、国有財産に移管もされず、「御由緒物」にも指定されなかったため、御物として残った品(約八〇〇〇件)を見ていこう。

例えば、昭和天皇夫妻が暮らした旧吹上大宮御所の玄関ホールにある和田英作画伯の

「震災内閣親任式の図」である。一九二三年の関東大震災翌日、山本権兵衛首相の親任式を描いた油絵で、昭和天皇の下命で制作されたうえ、昭和天皇自身の姿が描かれていることから、天皇家に残ることになった。

また、七五年の昭和天皇の米国訪問の際にプレゼントされたものなどゆかりの品や思い入れの深い物は御物に残された。

皇室所有のデメリット

ここまで、昭和天皇の逝去後、美術品を三つに仕分けたことを見てきた。そこで国有財産とされた品の多くは、三の丸尚蔵館に移された。

ただし、所有権が明確になっただけで、実態は以前と変わらず、御所や宮殿に置かれたままの「国有」美術品も多い。

例えば、天皇の公務室である宮殿「菊の間」に掛けられている岡田三郎助画伯の「楊柳」、同じく宮殿の拝謁者控室「桂の間」にある英人画家ウィリーの「英国訪問の香取・鹿島の図」などである。国有財産となった今も、宮殿に招かれる特別な人しか見ることができない。

美術品を皇室が保有することで、散逸を防ぎ、保存状態を保つなど積極評価すべき点はある。一方で宮内庁の管理下にあることで、鑑賞や利用が制限されるマイナスの側面もある。例えば、京都の東山御文庫の古文書は、年に一度の開封の時にしか閲覧できない。

最後に、奈良の正倉院の宝物についても触れておきたい。正倉院は宮内庁書陵部の管轄で、宝物などの収蔵品八八七四件は戦後の皇室財産の整理で、すでに国有財産に位置付けられていた。このため、昭和天皇の逝去時には仕分け対象ではなかった。

第五章　献上と賜与

1　美智子さまは花束を受け取れるか――財産移動の制限

乗用車献上を断る

天皇夫妻のお出掛けのほとんどに、宮内庁担当記者は同行取材をする。一九九六年三月、かつて学習院中等科があった江戸東京たてもの園（小金井市）をご夫妻が視察した時、私は「おやっ」と思った。美智子さまが待ち構えた市民から花束を受け取ったのだ。お出掛けの多くに同行したが、物を受け取ったシーンは他に見たことがない。

庶民から気さくにプレゼントをもらうのは好ましいエピソードと思うかも知れないが、話はそう単純ではない。万が一、花束に何かが仕掛けられていたらという安全上の問題で言うのではない。厳格な法律解釈では、花束であっても受け取りは制限されているからである。

都内へのお出掛けで、顔なじみの皇室ファン（いわゆる「追っかけ」）からだったから、気を許してしまったのかも知れない。

天皇家の私的財産の出入りは厳しく制限されている。贈り物を受け取れるのは年間六〇〇万円までだ。一般に、贈る側から見て「献上」と言う。法律では天皇家の側から見て「譲受《ゆずりうけ》」と呼ぶ。

一方、天皇家が「お気持ち」として支出できる範囲は年一八〇〇万円に限られる。これは「賜与」と呼ばれるが、「恩賜」「下賜《かし》」という言葉もある。

献上、賜与とも、超過分は国会の議決を経なければ授受できない。例えば、有名な画家が作品を天皇に贈りたいとしても、時価で六〇〇万円を超えるものなら、国会の議決を経ない限り、たとえ一点でもこの献上は違法になる。

実際五五年、皇太子（現天皇陛下）がトヨタ自動車の工場を視察した際、社員たちが金を出し合って、乗用車をプレゼントしようとしたことがあった。当時の献上の制限は一二〇万円で、乗用車は高価すぎるため断ったという（衆議院内閣委員会、五六年四月一七日のやり取り）。

献上と賜与について、宮内庁は一件一件の金額をカウントして、年度ごとに制限を超えないかチェックしている。

外国交際は例外

なぜ、ここまで厳しい制限があるのだろうか。

本書は第三章で内廷費、第四章で天皇家の財産を見てきた。基本的には、内廷費の余りの蓄えが財産になる。日本国憲法は、内廷費の余り以外の要因で天皇家の財産が増えないようにした。これが、献上の制限である。

一方で、天皇家が自らの財産を使って影響力を行使することも極力、抑えようと賜与も規制した。ともに言えることは、金と物のやり取りによって、天皇家が特定の人物、団体とつながりを深め、公正さを失うことのないようにする目的がある。

日本国憲法八条には「皇室に財産を譲り渡し、又は皇室が、財産を譲り受け、若しくは賜与することは、国会の議決に基かなければならない」とある。そして皇室経済法第二条は、国会の議決を経なくてもいい場合として、

・相当の対価による売買等通常の私的経済行為
・外国交際のための儀礼上の贈答
・公共のためになす遺贈、遺産の賜与

を挙げている。

外国交際で言うと、二〇〇〇年五月のオランダ、スウェーデン訪問で、スイス・ジュネーブに立ち寄った天皇夫妻は、赤十字国際委員会（昭憲皇太后基金）に五〇〇〇万円を贈った。これは、国会の議決が必要ない外国交際のための賜与になる。

国会の議決を受けて、天皇家が制限を超え財産を授受した例は数少ない。一九五五年以降で見ると、皇太子（現在の天皇陛下）と美智子さまの結婚（一九五九年）、天皇陛下の即位の儀式（九〇年）、皇太子さまと雅子さまの結婚（九三年）の三回だけだ。

皇太子夫妻の結婚のお祝いでは、首相、閣僚、国会議員、最高裁判事、都道府県知事、海外の邦人団体からのみと限定され、個人の資格で贈ることはできなかった。

「献進録」「賜与件名簿記録」

献上、賜与の金額制限の運用は実際、不透明だ。宮内庁は一体、どんな数え方で金額を累計しているのか、まったく分からなかった。

年間いくらの献上と賜与があるのか、宮内庁は過去に数回しか明かしたことがない。最近では一九八四年、献上、賜与の制限を現行額に改定した時である。衆議院内閣委員会の山本悟・宮内庁次長（当時）の答弁（同年四月）によると、

・八一年度　献上約一八〇万円　賜与約七九〇万円
・八二年度　献上約一三〇万円　賜与約九九〇万円

だということだ。しかし、それ以上に、誰とどんな品物のやり取りをしたのか、宮内庁が進んで公表したことはほとんどない。

今回、情報開示請求に対し、献上、賜与をまとめた文書（「献進録」「賜与件名簿記録」）が公開された。個別の金額が墨で塗られているなど不十分であるが、実態が初めて明らかになった。

2　箪笥の贈り物一三万円――天皇家への献上品

二〇万円が個別上限

まず、天皇家へのプレゼント、つまり献上から見てみよう。表12が、宮内庁が公表した「献進録」である。一覧して分かるのは、贈り主が知事に限られていることだ。そして、さらに詳しく見ると、天皇家が訪問した場所の知事たちであることが分かる。

天皇夫妻は二〇〇〇年一〇月、京都府網野町で開かれた「全国豊かな海づくり大会」に出席した。同年一一月二一日にご夫妻が受け取ったのは、開催地の丹後の名産、縮緬《ちりめん》ろうけつ染で名所「天の橋立」を描いた作品だった。同じように皇太子夫妻は同年五月、世界自然遺産会議開会式出席のため、鹿児島県の屋久島を訪問。七月二六日にご夫妻に贈られたのは、屋久杉の根で作った香炉の工芸品だ。

実用品もある。〇一年一〇月の全国障害者スポーツ大会（翔く・新世紀みやぎ大会）を訪れた皇太子さまには、仙台地方の特産品、クラシックな民芸調の仙台箪笥《たんす》が贈られた。県によると、一三万三三五〇円の品だという。

各道府県に一件あたりの値段を尋ねると「十数万円」と口をそろえる。宮内庁の資料は、個別の品の評価額を黒く塗りつぶしている。ただ、二〇〇〇年度の一六件の合計評価額は二三三万六〇〇〇円、〇一年度の一九件は三一七万一五〇〇円であることは公開されている。計算すると、一件当たりの平均額はおよそ一五万七〇〇〇円で、「十数万円」の答えと符合する。

あちらこちらに取材したところ、ある県の担当者が「宮内庁から内々に『二〇万円以内でお願いしたい』と伝えられ、他県の前例もあるので従った」と教えてくれた。

リストには、長崎県知事から皇太子さまへの電気スタンドも挙がっている。仙台の箪笥とあわせ、皇太子さまは実際に使っているのだろうか。あるいは、倉庫に眠っているのか。税金を使った贈り物がどんな意義があるのかを考えるうえで興味ある点だ。

地場産業の奨励

天皇家の方々が訪問した道府県知事が「お礼」として地元民芸品や名産品を贈るのが、

（宮内庁公開の「献進録」から）

品名	金額総計
飛越編花籠「星灯」	233万6000円
竹の御所籠	
電気スタンド	
屋久杉香炉	
青釉透彫胡姫文鶏冠壷	
籃胎蒟醤茶器「椿」	
綾切子酒器セット	
会津漆器「四季草花盆」	
有田焼花瓶「濁手紫露草文六角花瓶」	
「天女」彫金パネル	
丹後縮緬ろうけつ染額絵「朝日橋立松並木」	
桑一木彫宝筥「豊穣」	
ブロンズ製置物「天地共生」	
備前焼大壷	
七宝菓子器「安芸」	
茶炭（炉用、風炉用）	
笠間焼壷「練上玻璃光壷」	317万1500円
淡路鬼瓦の置物「宝船」	
琉球紅型染テーブルクロス	
博多織（帯）	
甲州雨畑硯、西島手漉和紙	
萩茶碗	
萩焼花瓶	
筒描藍染額「深山有情」	
雄勝硯（日月硯螺鈿５寸）	
仙台箪笥「埋木舟箪笥（竹に雀）」	
手作りオルゴール（50弦）	
日光彫「花台」	
流水紋網代編盛器「清流のささやき」	
薩摩切子中皿	
高田焼上野窯「青磁象嵌」	
伊賀焼「伊賀釉皮袋形掛花入」	
備前焼「藍彩一輪挿」	
オルゴール	
金剛石目塗乾漆花瓶	

表12　2000年度、2001年度の天皇家への献上一覧

年度	月日	贈り主	贈り先
2000年度	5月11日	大分県知事	天皇夫妻
			皇太子さま
	5月25日	長崎県知事	皇太子さま
	7月26日	鹿児島県知事	皇太子夫妻
	8月30日	岐阜県知事	皇太子夫妻
	10月6日	香川県知事	皇太子夫妻
	10月18日	宮崎県知事	紀宮さま
	11月17日	福島県知事	皇太子夫妻
	12月20日	佐賀県知事	皇太子さま
		富山県知事	紀宮さま
	12月21日	京都府知事	天皇夫妻
		富山県知事	天皇夫妻
			皇太子夫妻
	12月22日	岡山県知事	天皇夫妻
	2月6日	広島県知事	皇太子夫妻
	3月19日	山梨県知事	天皇夫妻
2001年度	4月20日	茨城県知事	天皇夫妻
	7月27日	兵庫県知事	天皇夫妻
	9月17日	沖縄県知事	皇太子さま
	10月27日	福岡県知事	紀宮さま
	10月30日	山梨県知事	天皇夫妻
	11月7日	山口県知事	皇太子さま
			紀宮さま
	11月22日	徳島県知事	皇太子さま
	12月13日	宮城県知事	天皇夫妻
			皇太子さま
			紀宮さま
	12月19日	栃木県知事	天皇夫妻
	12月20日	群馬県知事	皇太子さま
	12月21日	鹿児島県知事	皇太子さま
	12月27日	熊本県知事	皇太子さま
	2月8日	三重県知事	天皇夫妻
	2月12日	岡山県知事	紀宮さま
	2月13日	北海道知事	皇太子さま
	2月22日	静岡県知事	天皇夫妻

献上のパターンである。ただ、訪問を受けたすべての知事が贈り物をしているわけではない。例えば、皇太子夫妻は二〇〇一年二月の冬季国体、〇二年三月の世界フィギュア選手権大会を視察のため、長野県を訪問したが、田中康夫知事からのプレゼントはなかった。これは田中知事に限ったことではなく、贈る、贈らないは道府県の考え方次第なのだ。

天皇家が地元の名産品を受け取るのは「地場産業の奨励」という名目がある。宮内庁は国会で何度もこの趣旨を答弁している。ただ、宮内庁の幹部の一人は「戦前なら地場産業振興という名目は成り立ったが、今は地方の産業発展のためには他にいくらでも方法がある。少し苦しい説明になっている」と打ち明けた。

献上では、高額なもの、宣伝に利用されるものは受けないという方針がある。知事以外では、在位の節目の年などに、首相、衆参議院の正副議長、最高裁長官の三権の長らからの贈り物を受け取る場合がある。

ただ、一九九〇年から公職選挙法改正で政治家の寄付行為に関する罰則が強化された。首相、衆参議院の正副議長が、天皇家の住所がある東京都千代田区、港区を含む選挙区、比例区の選出だと、「当該選挙区内にある者に対し、寄付をしてはならない」との公選法の規定に抵触する可能性が出てくるようになった。政治家が選挙区内の子供や外国人に対しても寄付ができないのと同じ扱いで、選挙権のない天皇、皇族であっても、政治家が献上を行なうのは違法の疑いがあるからだ。

越前ガニの行方

宮内庁が公表した献上品リストが、すべての「献上」を掲載しているかというとそうではない。例えば『読売新聞』福井県版（二〇〇二年一月二五日）にこんな記事が載っている。

「天皇、皇后両陛下ら皇室に越前ガニ（ズワイガニ）を贈る『献上がに』の調理が二十四日、三国町神明の魚問屋『大丸水産』（沢崎嘉市社長）で行われた。一九二二年から昭和天皇崩御の年などを除き、毎年実施し七十六回目。調理は町内の魚問屋が持ち回りで担当している」

福井県によると、体長約八〇センチ、重さ約一・五キロの最上品を厳選。御所（天皇夫妻）と東宮御所（皇太子夫妻）に各一箱ずつ届け、さらに四宮家にもやはり一箱ずつ箱が贈られた。越前ガニは一匹二〜三万円が相場だから、天皇、皇太子の両夫妻への二箱は四〜六万円になる。

こうした農海産物の献上は数多い。千葉県では、富浦町、館山市を中心とした房州枇杷《びわ》組合連合会が毎年、名産ビワを贈ることが恒例で、〇二年六月五日にも知事名で天皇、皇太子の両夫妻に届けられた。

インターネットで「皇室」「献上」をキーワードに検索してみると、たくさんのページがヒットする。青森のリンゴ、福島のモモ、静岡の新茶、鳥取の二十世紀ナシ、下関のフグ……と名産ぞろいである。中には、「皇室献上」を宣伝に使っている農園まである。

食べ物だけではない。埼玉県立熊谷農業高校では、毎年、生物生産工学科の生徒が育てたスズムシを、皇太子夫妻らに届けているという。秋になると、東宮御所に虫の音色が響き、ご夫妻の心を和ませているのだろう。

お菓子一つでも

地方で農業や漁業に当たっている人たちにとって、皇室への献上は名誉なことだ。生産地の名声を高めるとともに、「天皇家の方々に旬の味を」と一生懸命なのだろう。

献上品を贈るための箱詰め作業や選果式の新聞記事の写真を見ると、紅白幕を背景に手袋とマスクをした人が誇らしげに作業をしている様子が分かる。静岡県の場合、新茶を献上する市町村が「献上茶謹製事業実行委員会」を作って作業に当たるという。

しかし、宮内庁の対応はどうだろう。農産物、海産物類が「献進録」に記載されていないということは、皇室経済法の献上枠六〇〇万円に数えられていないということだ。食べ物類は天皇家内で消費される。財産が増加するわけではないので、額の規制には含まれないとの解釈だろう。この章の冒頭で紹介した花束もおそらく同じ扱いだ。

政府は皇室経済法制定前の一九四六年一〇月、法案要綱を閣議了解し、そこには「食饌に関する進献は、その都度国会の議を経るを要しない」とあった。だが、この条文は法律には盛り込まれず、宮内庁自身、「お菓子一つでも国会の議決を経なければもらえないというのが法律の趣旨でございますが、それでは一々たいへんでございますから、皇室経済法でこれまでの間は一々議決を要しないというのが、ただいま問題になっております制限額できめられた問題でございます」（七二年三月、衆議院内閣委員会で、宇佐美毅・宮内庁長官）と食品であっても制限にかかる旨を答弁している。

「オク」への直接献上も

さらに不透明なのは、献上の別ルートがあることだ。読売新聞福岡県版（二〇〇三年三月六日）に次のようにある。

「玄海町の宗像大社で、早春のワカメを皇室に献上するための作業が続いている。（略）作業は七日に終わり、太田可愛《よしのり》宮司らが十三日、宮内庁を訪れて献上する」

献上の通常ルートは、〈知事→宮内庁総務課→天皇家〉である。しかし、宗像大社のワカメは、県知事や宮内庁総務課を通じず、オク（侍従職）が直接、受け取っている。天皇家の食卓にも上ったが、宮中三殿にお納めするものが主だったためだ。

宮内庁では総務課が六〇〇万円の制限をカウントしている。オクが直接、献上を受け取ると、献上があった事実を総務課が把握できない。

新聞記事になる物の他にも、表に出ない献上は少なくないのではないか。「オクの勤務は頂き物が回ってくることが多い」と侍従職の経験がある職員から聞いたことがある。

3　三宅島児童への牛乳――賜与の実態

恩賜発明賞の賞金は二〇〇万円

続いて、天皇家からの賜与を見てみよう。

表13が宮内庁が公開した二〇〇一年度の「賜与件名簿記録」である。ここでは一二件だけを示したが、他に五二件が月日、賜与先、理由の部分が墨塗り（非公開）だった。公開、非公開合わせると六四件になる。賜与総額は一五九二万〇〇五三円と記載されているから、単純計算すると、一件当たり約二五万円だ。

第三章で、内廷費の九％（二九一六万円）が「恩賜金・交際費」だと書いた。つまり、二九一六万円は、一八〇〇万円までの枠がある恩賜金と、その他の一般的な交際費に分かれることになる。

さて、〇一年度賜与リストのうち、公開された一二件はいずれも社会福祉、学術、芸術団体向けである。

②日本ユニセフ協会、⑤国土緑化推進機構（緑の募金）、⑥中央共同募金会（赤い羽根）、⑨日本赤十字社、⑩救世軍社会事業部、⑪結核予防会――の六団体への募金と事業奨励金は定例化している。

①発明協会は、戦前からすぐれた発明に対して毎年、表彰を行っている。最高賞が「恩賜発明賞」で受賞者には二〇〇万円が贈られる。ただ、天皇家が二〇〇万円全額を負担しているわけでなく、一部の数十万円分を出しているのだという。⑦国際生物学賞委員会も、日本学術振興会が贈る「国際生物学賞」の賞金の一部を出すものだ。同賞は一九八五年、昭和天皇の在位六〇年を記念して始まり、賞金は一〇〇〇万円。

③日本学士院、④日本芸術院の恩賜賞は長い歴史を持つ。二つの賞では、お金ではなく天皇家が用意した銀の花瓶が贈られる。

⑧優良私設社会事業六八団体とあるのは、天皇誕生日に厚生労働省、法務省、文部科学省が推薦した社会福祉施設に奨励金を出すものだ。戦前は「紀元節」（二月一一日）に優良社会事業に奨励金を出すことになっており、三三年には七〇〇団体に及ぶ大々的なものだった。戦後、紀元節が廃止されたので、天皇誕生日に日を移して、規模を縮小し

表13　2001年度、天皇家からの賜与の一部

月日	賜与先	理由
5月16日	①(社)発明協会	事業奨励
	②(社)日本ユニセフ協会	ユニセフ学校募金運動
5月28日	③日本学士院	恩賜賞（御紋付銀花瓶）
	④日本芸術院	恩賜賞（御紋付銀花瓶）
5月29日	⑤(社)国土緑化推進機構	緑の募金運動
9月26日	⑥社会福祉法人中央共同募金会	共同募金運動
11月22日	⑦国際生物学賞委員会（日本学術振興会）	学術奨励
12月10日	⑧優良私設社会事業68団体	天皇誕生日につき事業奨励
12月19日	⑨日本赤十字社	事業奨励
	⑩救世軍社会事業部	事業奨励
	⑪(財)結核予防会	事業奨励
1月25日	⑫(財)日本オリンピック委員会	冬季五輪参加に対する奨励

（宮内庁公開の「賜与件名簿記録」から）

て継続している。
宮内庁は今回、各団体への賜与金の個別額を公表しなかったが、敗戦直後の国会では、それぞれの額を明らかにしたことがある。四九年四月、参議院内閣委員会で塚越虎男・皇室経済主管（当時）は「日本学士院へ一万二千円、発明協会へ一万円、（略）中央共同募金委員会への十万円、或は愛の運動の資金としての十万円、結核予防協会へは五万円というようなふうに御賜与になつております」と答えている。

幣帛料

それでは、非公開だった五二件の賜与にはどんなものがあるのだろう。
宮内庁職員の話を総合すると、
・神社への幣帛料
・都道府県への災害見舞い
・「酒肴《しゅこう》料」「祭祀《さいし》料」（私的な冠婚葬祭費）
の三つに分類できるという。

一つ目の「神社への幣帛料」とは、神社に奉納する金銭のことを言う。情報公開法によって宮内庁が開示した別の資料（「幣帛料、神饌料のお供え伺い」など）によると二〇〇一年度、幣帛料をお供えしたのは次の四回。

・〇一年六月、明治神宮へ（天皇夫妻と皇太子さまが鎮座八〇年祭で参拝した時）
・〇一年一一月、伊勢神宮へ（天皇夫妻が三重県訪問の折、参拝した時）
・〇二年一月、伊勢神宮へ（皇太子さまのオランダ訪問前、侍従が代拝した時）
・〇二年二月、伊勢神宮へ（皇太子さまがオランダから帰国後、侍従が代拝した時）

地方訪問の際、代表的な神社を参拝し、幣帛料をお供えする場合がある。また、一九九五年の戦後五〇周年の年には、各地の護国神社に臨時の幣帛料を納めた。さらに、天皇、内廷皇族の外国訪問前と帰国後には、侍従が伊勢神宮に派遣され、幣帛料をお供えすることが慣例になっている。

戦前、一二一の官幣社《かんぺいしゃ》と呼ばれる神社があった。天皇、皇族を祀っているため、例祭や新嘗祭などで定期的に幣帛料が供えられる神社である。このうち石清水八幡宮（京都）、春日大社（奈良）、氷川神社（埼玉）など一七の神社は「勅祭社《ちょくさいしゃ》」と呼ばれ、折々に天皇のお使い（掌典）が遣わされ、多額の幣帛料を供えた。天皇家が国家神道を財政面で支えていたのである。

戦後、天皇家と神社界との強いつながりは絶たれたが、現在も内廷費から幣帛料を支出する慣行は細々と続いているのだ。

美智子さまからのお汁粉

非公開となった賜与の二つ目は、「都道府県への災害見舞い」である。どんな災害にお見舞いがあるのだろうか。

二〇〇〇年で見ると、天皇夫妻は、北海道有珠山の噴火（四月）、三宅島からの島民避難（九月）、愛知県の大雨災害（九月）、鳥取県西部地震（一〇月）の四回、災害お見舞いの「お言葉」を地元知事に伝えている。当該都道県に問い合わせてみたが、いずれも見舞金は出ていない。

過去の国会答弁を見ると、大きな災害などの場合、都道府県を通じてお見舞金が出ている。自然災害だけでなく人災の場合もある。死者一五人を出した静岡駅前地下街のガス爆発事故（一九八〇年）では、見舞金が出ていた。

お金ではないが、食品が贈られた例なら最近でも確認できる。三宅島から東京都あきる野市の都立秋川高校で避難生活を過ごす島の児童、生徒らに、お汁粉と牛乳がプレゼントされた例だ。二〇〇〇年一二月、美智子さまが即席のお汁粉（市販品）を五六〇個、同年九月と翌年七月の二回、天皇夫妻が御料牧場の牛乳計八九〇本を贈っている。

天皇の親戚付き合い

非公開となった賜与の三つ目は、「酒肴料」「祭祀料」だ。一般で言うところの慶事のお祝いが「酒肴料」で、お悔やみが「祭祀料」である。天皇家と私的な付き合いがある人に冠婚葬祭のお金が内廷費からおくられる。詳細はプライベートに関わることでもあり、秘密のベールに包まれている。

興味深いのは、旧皇族への冠婚葬祭料は皇室経済法の制限にかかるが、皇室内（例えば、天皇家から宮家）の場合は制限外になる。

この点に関連して、結婚した元内親王と天皇家との関係を考えてみよう。紀宮さまがお嫁入りする時、皇室経済法の規定と前例から、一億五二五〇万円の皇籍離脱一時金が国の予算から支払われることになっている（計算方法は第六章、一八六ページ）。この際、天皇夫妻が「新婚住宅建設のため、もう少し資金を出してあげたい」と考えたとしよう。結婚前なら皇室内のお金のやり取りだ。厳密には贈与税の問題が発生するが、賜与の制限には関係なく、お金を渡せる。

しかし、結婚後は、天皇夫妻は紀宮さまに自由に資金援助できなくなる。それどころか、出産の祝い金を贈ることも皇室経済法上の財産移動になる。親と娘でも、皇室から一歩外に出ると、非常に堅苦しい関係になってしまう。

一九六〇年から七〇年代にかけて、鷹司和子さん、池田厚子さん、島津貴子さんの元内親王の暮らしを天皇家が援助できるようにすべきだとの議論があった。この点について、瓜生順良・宮内庁次長（当時）は「将来の問題として許される範囲内においては、われわれも人情に沿った線で、こういう問題は運用したい」（七四年三月、衆議院予算委員会第一分科会）と曖昧に答えている。今の宮内庁の考えはどうだろうか。

恩賜でない「恩賜のたばこ」

賜与とは、「身分の高い者から下の者に与えること」（広辞苑）である。天皇家の方々が自らの懐から渡すところに意味がある。だからこそ、「内廷費」から払われるのだ。

だが公費（宮廷費）からの広い意味の「賜与」もある。「恩賜のたばこ」がよい例だ。菊の紋章入りのたばこは現在も年間約一七〇万本が生産され、地方訪問の際に世話になった人たちや、皇居清掃の奉仕団に配られるほか、接待用にも使われる。禁煙団体からの風当たりが強く、生産量は減っているが、珍しさもあって地方ではいまだに人気がある。「恩賜」と付くからといっても、内廷費で生産されているわけではない。宮廷費の庁費にある「消耗品費」という予算科目から、ＪＴの子会社「ＪＴクリエイティブサービス」に発注されている。天皇家の私的な予算（内廷費）ではなく、公費（宮廷費）、それも消耗品費で作られると聞いたら、興ざめする人もいるだろう。

こうした例は他にもある。先ほど「酒肴料」「祭祀料」は天皇家からの賜与だと書いた。しかし、内廷費から支払われるのは、天皇家の親戚、知人などに限られる。宮内庁が出す祭祀料のほとんどは勲章受章者などに対してで、天皇が公の立場で「お悔やみ」を示すものだ。これは宮廷費から支払われ、親戚、縁者への祭祀料と厳密に区別されている。

宮内庁が公開した二〇〇一年度の祭祀料交付先一覧（「現金出納簿」）によると、一年間で宮廷費から祭祀料を贈ったのは七九人。同年一二月を見ると、元電電公社総裁の秋草篤二氏▽元中国大使の佐藤正二氏▽元参議院議長の木村睦男氏▽元衆参議院議員の加藤シヅエ氏▽元宮崎県知事の黒木博氏――の五人と氏名墨塗りの二人の計七人に宮廷費からの祭祀料が払われている。氏名が公表された五人はいずれも勲一等受章者だ。

天皇からのお悔やみと言っても高額なわけではない。予想よりはるかに少額なため驚いたという話を、高名な画家の遺族から聞いたことがある。

4　佐渡のトキは陛下のもの？――財産授受の歴史

畏き思し召し

戦前、皇室からの賜与金は莫大な金額だった。大沢覚氏の『明治期皇室財政統計』に引用される一九二八年度の皇室予算「奨励金見込額調」によると、賜与金は総額約六五万円。現在の価値では数億円に及ぶ規模だった。

具体的には、愛国婦人会など社会事業が約三万円▽蹴鞠《けまり》保存会などへの古技保存に約一万円▽現在の「優良私設社会事業」への奨励金にあたる紀元節の恩賜金が一七万円……とある。

こうした定例賜与の他に、臨時の賜金もあった。「奨励金見込額調」には、二三～二六年度の臨時賜金の実績として、早稲田大に五〇〇〇円▽葉山警察署の道場建設費に二五〇〇円……と記している。

この他にも、機会があるごとに天皇のポケットマネーからお金が振る舞われた。藤樫準二氏は『天皇とともに五十年』で次のように書いている。

「毎年盆暮れになると前官礼遇の重臣たち、総理大臣、閣僚、陸海軍幕僚長、枢密顧問官といった連中にはお呼出状が出され、宮中でおもむろに侍従長から『畏きあたりの思召によりまして……』と、奉書で包んだ金一封のボーナスを、ご紋つきの黒塗りお盆にのせて、うやうやしく賜与したものであった。当時、総理大臣の年俸が一万円か一万五千円程度だったが、枢密顧問官級にはなんでも三千円ずつのボーナスを賜っていたというから、如何に多額であったかが想像できよう」

前官礼遇とは、官職にあった時と同額の年俸を皇室が支給する制度のことだ。

さらに、明治期には、「内閣機密費」も天皇家から下賜された実態が、宮内庁がまとめた『明治天皇紀』に出てくる。

戦前、天皇家の土地、財産を都道府県に下賜したなごりが名前に残っている場合も少なくない。一例を挙げると、東京都の「上野動物園」の正式名称は「恩賜上野動物園」と言う。二四年、宮内省所管から東京市（当時）に下賜されたためだ。

昭和天皇がマッカーサーに持参した有価証券

敗戦後、日本に進駐したGHQは巨大な皇室経済の解体を目指した。GHQにとって、賜与という不透明な金の流れは、皇室の影響力を強めるものにしか見えなかっただろう。

敗戦直後の侍従次長、木下道雄氏の『側近日誌』は、一九四五年一〇月二九日、木下氏が香淳皇后に会った際、皇后が「宝石類没収さるるならば、其の前にこれを売りて国民の為に米と代える手段なきか」と話したエピソードを書き記している。香淳皇后はまったくの善意から宝石類の下賜を申し出た。しかし、すでに宮内省幹部がGHQに呼ばれ、財産目録の提出を求められており、GHQの厳しい姿勢は木下氏にも伝わっていた。

同じような文脈で、昭和天皇がマッカーサー司令官と初めて会談した時（四五年九月）、国民に餓死者が出ないよう食糧援助の費用に充ててほしいと、有価証券の入った「大きな風呂敷包」を差し出したエピソードが語られることがある（小堀桂一郎『昭和天皇』など）。

これは、通訳を務めた宮内省御用掛の外交官、奥村勝蔵氏の証言が基になっている。事実としてもマッカーサー司令官が承諾したとは思えない。四五年一一月一八日には皇室財産凍結指令が発せられ、皇室財産の移動は禁止されることになるが、昭和天皇＝マッカーサー会談の時には、準備のための調査がすでに始まっていたからである。

「虚礼」の議論も

新憲法とともに、施行された皇室経済法は、献上と賜与の制度自体の存続は認めた。ただ、いずれも年間一二〇万円までという厳しい制限付きだった。制度を廃止したいGH

Qと、賜与を通じて国民の窮乏の一助になりたいという昭和天皇、側近たちの妥協の結果だったのではないか。

初の国会でも献上と賜与が議論になっている。参議院の山田節男議員（社会党）は四七年八月の皇室経済法施行法案特別委員会で「従来のようにやはり社会事業団体に御下賜金になるということが、結局国民の税金をただ名を鍵《ママ》えてやるだけであつて、（略）意味がないと思う。（略）こういう一種の虚礼はむしろ廃してもよいのじゃないか、（略）従来の陳腐な、封建的なことを一つ一つ掃して頂いて合理化して貫いたい」と発言した。

これに対し、加藤進・宮内府次長（当時）は「時世の変りに応じまして、今仰せがありましたように改革をすべき点はあると存じます（略）。お話の点は非常に御尤もでありまするが、やはり陛下からお慰めなり、お励ましなりを賜りました場合、可なりそれが実に慰められ、又鼓舞されて勇気を起すという場合もありますので、（略）全然これをなくするというわけに参りません」と答えている。

一〇万円の美術品献上を想定

献上、賜与の制限が当初それぞれ一二〇万円だったのは理由がある。当時の物価から家具などの高価な家庭用品が五万円、絵画、彫刻などの現代作家の美術品が一〇万円であると想定。美術品は献上が年に一、二点あるとして、皇族一人当たりの限度額を一〇万円の一・五倍の一五万円とした。「皇族費」の算定の基準となる一人当たりの歳費（当主の定額）が初年度は二〇万円であり、少し減らした額が考慮されたという。

当時、天皇家は、貞明皇后（皇太后）、昭和天皇夫妻、皇太子（現天皇陛下）を始めとする子供たち五人の計八人家族だったから、一五万円を八倍した（四七年八月、衆議院皇室経済法施行法案特別委員会で、加藤次長）。

賜与については、四七年から五年間、一二〇万円とは別枠で、災害などの臨時の賜金を予め議決しておく方式が取られた。最初の二年間が一八〇万円、次の三年間は二五〇万円だった。つまり四七年度は、一二〇万円プラス一八〇万円の三〇〇万円の賜与が認められた。

当時の内廷費は八〇〇万円だから、三七・五％が賜与に当てられたわけだ。敗戦直後の混乱の時代は、賜与の重みはまだまだ大きかった。

表14　天皇家の譲受と賜与の制限額の推移

改定年度	譲受の制限	賜与の制限
1947年	120万円	120万円 （別枠 180万円）
1949年	120万円	120万円 （別枠 250万円）
1952年	120万円	370万円
1964年	220万円	650万円
1972年	330万円	990万円
1984年	600万円	1800万円

社会的な意義は減少

表14に、新憲法施行から現在までの譲受（献上）と賜与の制限額の変遷を書き出した。一九五二年、臨時の賜与金を別枠で議決する制度をやめ、賜与だけ総額を大きくした。これを含め改定は五回しかなく、内廷費の改定に比べると、見直しの機会は少ない。

　四七年から現在まで、内廷費は八〇〇万円から三億二四〇〇万円と四〇・五倍に増えているが、献上の制限は一二〇万円から六〇〇万円の五倍、賜与の制限は三〇〇万円（一二〇万円プラス臨時の一八〇万円）から一八〇〇万円の六倍に過ぎない。時代の変化とともに、献上、賜与の持つ意味は相対的に減っている。

また、五三年、皇室経済法は献上、賜与に関する重要な改定をしている。一三〇ページに記したように、外国交際のための贈答、公共のためになす遺贈については、国会の議決を経なくてよいとの規定ができた。前者は、五二年に独立を回復し、外国との付き合いが増えることに備えたためである。後者は、五一年に貞明皇后が亡くなった時、遺産寄贈に国会議決が必要だった経験から遺贈の手続きを省こうとしたものだ。

占領政策の残滓？

皇室の尊厳を高めようという立場からは、献上、賜与の制限は厳しすぎるとの意見は常にある。

例えば、二〇〇二年七月、衆議院憲法調査会（政治の基本機構のあり方に関する調査小委員会）で、奥野誠亮議員（自民党）は、「（日本国憲法）八条には、皇室に財産を譲り渡す、あるいは皇室が財産を賜与される（場合）、国会の議決を経なければならないと書いてあるわけでございまして、（戦後）天皇家の財産をみんな国に取り上げちゃったわけでございまして、その後を恐れた余りに占領政策がこういう言葉を残したんじゃないかなと私は思うわけでございます」と述べている。

別の問題点もある。一つだけ例を挙げると外国交際のための贈答だ。天皇陛下から外国元首へのプレゼントは、公費（宮廷費）で用意する。宮内庁にはプレゼント用の美術品の在庫があり、国賓の場合、一〇〇万円単位の品が相手国に合わせて選ばれる。一方、外国元首から天皇陛下に贈られるプレゼントは、国有財産ではなく天皇家の私物になる。渡す方は国からなのに、もらう方は私物になるというわけだ。

一九九八年に来日した中国の江沢民国家主席（当時）が「天皇陛下に」と贈った国際保護鳥トキのペア、友友《ヨウヨウ》と洋洋《ヤンヤン》の場合、一度、陛下の私物（御物）となったが、宮内庁がトキを飼育するのは難しいため、陛下が環境庁に寄贈し、新潟の佐渡トキ保護センターが管理する特例がとられた。

第六章　皇族費

1　紀子さまの電話代――宮家の暮らし

内廷費と皇族費

雅子さまと紀子さまは同じ皇室のプリンセスである。しかし、俗な言い方をすれば、雅子さまは天皇家の嫁であり、一方の紀子さまは天皇家から独立した秋篠宮家の嫁だ。経済面から見ると、天皇家にいる雅子さまと、宮家の紀子さまの立場は大きく異なる。

雅子さまが実家の母親にいくら長電話を掛けても、御手元金から電話代を払うことはない。天皇家の電話代は私的なものでも公費（宮廷費）で支払う。ところが、紀子さまが実家に電話した分は、私的な費用（皇族費）から払う必要がある。もしかすると、紀子さまは節約しながら電話をしているかも知れない。

天皇家の場合、住まいの水道光熱費、電話代などは宮廷費が持つ。広く生活に関係する費用は、私的な分も含めて国が面倒をみるのだ。ところが、宮家の住居では、公邸部分と私邸部分を区別し、前者の維持管理費は宮廷費で負担するが、後者は皇族費（御手元金）で払わなければならない。

天皇家の宮廷費（公）と内廷費（私）の線引きは、比較的「公」がカバーする範囲が広い。一方、宮家の宮廷費（公）と皇族費（私）の線引きは、「公」が賄う部分が狭いのだ。別の例を挙げると、宮家皇族の地方旅行では、交通費は宮廷費から出ず、代わりに招待者が払うケースがある。御料牧場製品についても、天皇家のように無料ではなく、購入する形になっている。

序章で、内廷費は天皇家のプライベートマネー、皇族費は宮家のプライベートマネーと説明した。ところが、二つの性格は微妙に異なる。この章では、天皇家の周辺にある宮家の経済を考えていく。

品位保持

内廷費について、皇室経済法は「(天皇と内廷皇族の）日常の費用その他内廷諸費に充てる」と明記してある。一方、皇族費については、「皇族としての品位保持の資に充てる」としか記していない。

皇族費は、宮家皇族の生活費のすべてをカバーする建前にはなっておらず、あくまで「品位保持」のため、生活費を補填するものと位置付けられている。別の言い方をすれば、宮家の場合、皇族費以外の収入が想定されているのだ。

しかし、これは実態と合っていない。故高円宮さまのように国際交流基金嘱託として勤務した「サラリーマン皇族」もいたが、多くは皇族としての活動を中心にしている。他の収入と言っても有価証券の配当や貯蓄の利子からがほとんどで、天皇家と同じだ。実際には、宮家の収入の大部分は皇族費が占めているのが現状である。

当初は七五％を想定

これには歴史的背景がある。敗戦後の一九四七年一〇月、天皇家から遠い一一宮家の五一人が皇籍から離脱した。一時金を渡されはしたものの、多くの旧皇族は慣れない社会の荒波にもまれ、経済的に苦労した人も多い。

この時、昭和天皇の三人の弟、秩父宮、高松宮、三笠宮の三宮家が残った。三宮家は当初、半自立的な存続が想定されていた。当時の国会での宮内府の説明では、宮家の経費の七五%をカバーする皇族費が「年金」として支給され、残りの二五%は所有地を貸すとか、勤めに出るなど独自に稼ぐことが求められたのだ。

皇族費の歴史は、支給額を増やし、内廷費並みの扱いに近付ける歩みだったと言っていい。敗戦直後と現在では、皇族費の位置付けはかなり変化している。ただ、法律上は「品位保持」という記述が残り、皇族費の細かい扱いは今も内廷費と大きく異なる。それが冒頭の電話代の違いに現れているのだ。

算定方法

七宮家一八人の皇族費は、各家の家族構成によって決まる。まず、当主の基本定額があり、現在は三〇五〇万円である。妃殿下には、半額の一五二五万円が支払われる。当

図6　皇室の系図
（□は逝去された方）

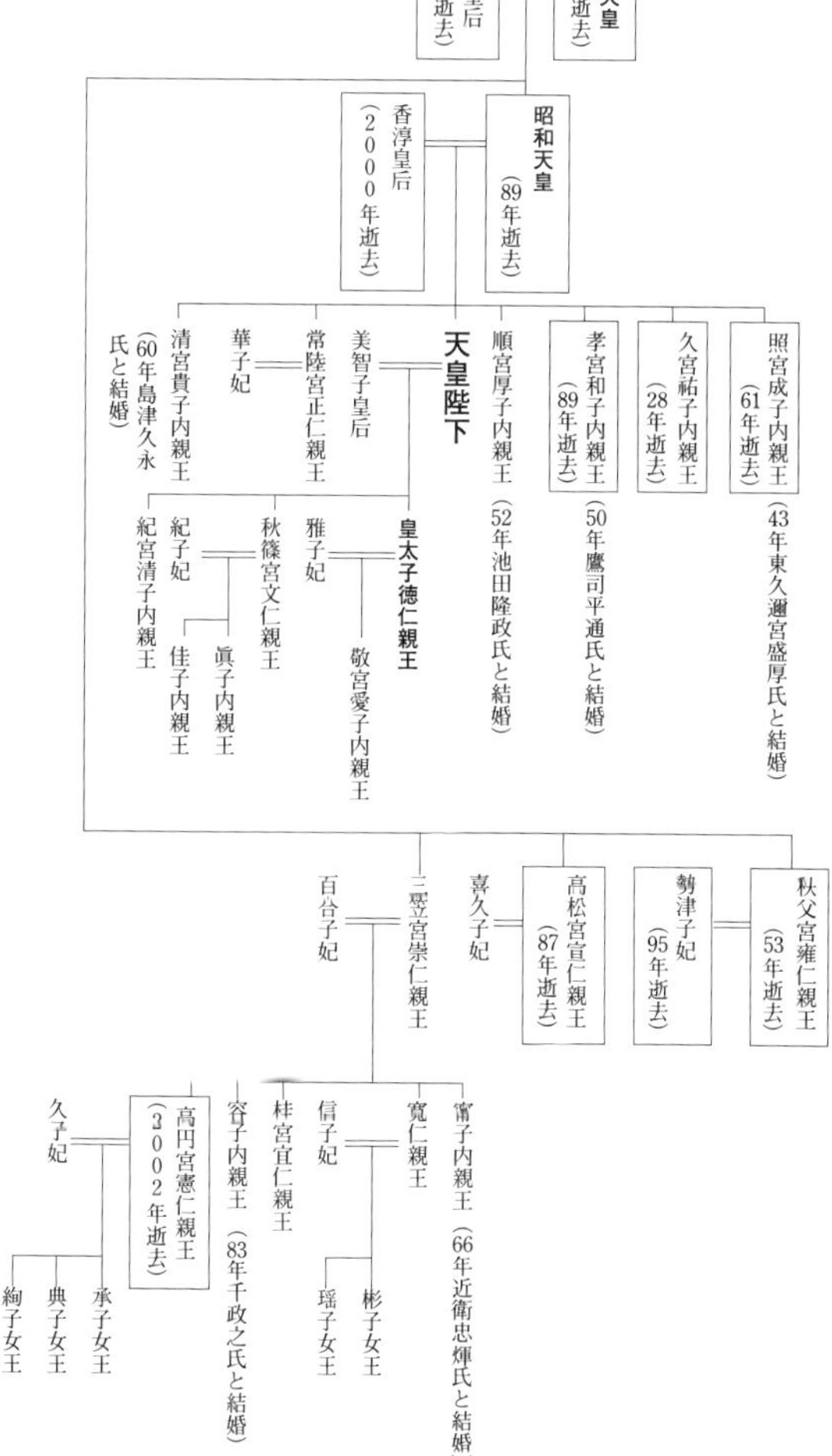
大正天皇（26年逝去）
貞明皇后（51年逝去）
昭和天皇（89年逝去）
香淳皇后（2000年逝去）
照宮成子内親王（61年逝去）（43年東久邇宮盛厚氏と結婚）
久宮祐子内親王（28年逝去）
孝宮和子内親王（89年逝去）（50年鷹司平通氏と結婚）
順宮厚子内親王（52年池田隆政氏と結婚）
天皇陛下
美智子皇后
常陸宮正仁親王
華子妃
清宮貴子内親王（60年島津久永氏と結婚）
皇太子徳仁親王
雅子妃
敬宮愛子内親王
秋篠宮文仁親王
紀子妃
眞子内親王
佳子内親王
紀宮清子内親王
秩父宮雍仁親王（53年逝去）
勢津子妃（95年逝去）
高松宮宣仁親王（87年逝去）
喜久子妃
三笠宮崇仁親王
百合子妃
甯子内親王（66年近衛忠煇氏と結婚）
寬仁親王
信子妃
彬子女王
瑶子女王
桂宮宜仁親王
容子内親王（83年千政之氏と結婚）
高円宮憲仁親王（2002年逝去）
久子妃
承子女王
典子女王
絢子女王

主が亡くなった高松宮家と高円宮家の場合、妃殿下の喜久子妃、久子妃が当主扱いになる。

子供たちは、天皇から二親等までの親王、内親王と、それ以外の王、女王では扱いが異なる。秋篠宮家の眞子さま、佳子さまの二人は内親王で定額の一〇分の一（三〇五万円）となる。

寛仁親王家、高円宮家には合わせて五人の子供がおり、いずれも女王で加算分は基本的に内親王の七割（二一三・五万円）。ただ、寛仁親王家の長女、彬子《あきこ》女王は二〇〇一年に成人してからその三倍（六四〇・五万円）になっている。同家の次女、瑶子《ようこ》女王は〇三年一〇月に成人するため、同年度は、九月までが二一三・五万円の月割り分、一〇月以降は六四〇・五万円の月割り分と計算された。

家族の数に関係なくグロスで三億二四〇〇万円と決まっている内廷費と異なり、家族構成が算出の基になっているのだ。

宮家ごとの皇族費を表15に書き出した。七宮家の総額は二億九七六八万円。一八人で割って一人当たりの額を単純に求めると約一六五四万円になる。比較のため内廷費の一

表15　宮家ごとの皇族費（2003年度予算）

宮家名	名前	個人の額	家ごとの額	総額
秋篠宮家	文仁親王	3050万円	5185万円	2億9768万円
	紀子妃	1525万円		
	眞子内親王	305万円		
	佳子内親王	305万円		
常陸宮家	正仁親王	3050万円	4575万円	
	華子妃	1525万円		
高松宮家	喜久子妃	3050万円	3050万円	
三笠宮家	崇仁親王	3050万円	4575万円	
	百合子妃	1525万円		
寬仁親王家	寬仁親王	3050万円	5642.5万円	
	信子妃	1525万円		
	彬子女王	640.5万円		
	瑶子女王	427万円		
桂宮家	宜仁親王	3050万円	3050万円	
高円宮家	久子妃	3050万円	3690.5万円	
	承子女王	213.5万円		
	典子女王	213.5万円		
	絢子女王	213.5万円		

人当たりの額を算定すると、六人で三億二四〇〇万円だから、五四〇〇万円。天皇家と比べると、宮家皇族の一人当たりの御手元金は三分の一以下しかない。

二四八九万円の暮らし

内廷費の使い道は、第三章で見た通り、人件費三四％、物件費六六％として、後者の内訳も分かっている。しかし、皇族費の場合、宮家ごとの家計が違うこともあり、物件費の使途の内訳は分からない。

宮内庁の勝山亮・皇室経済主管（当時）は一九八四年四月の参議院内閣委員会での答弁で、皇族費では人件費が五二％、物件費が四八％であると明らかにしている。私的使用人は九五年の段階で、高松宮、三笠宮の両家が八人、秋篠宮、秩父宮、寛仁親王、高円宮の各家が六人、常陸宮家が五人、桂宮家は三人。各宮家では、家事手伝い、料理人、運転手のほか、看護師、保育士、研究助手などを雇っている。

五一八五万円を支給されている秋篠宮家を例に試算してみよう。同家の人件、物件費の割合が五二対四八と八四年の宮内庁発表の数字と同じと仮定する。すると、人件費が二六九六・二万円で、六人いる使用人一人当たりの年額給与は四四九万円。残りの二四八八・八万円がその他の生活費（物件費）になる。

内廷費と同じように皇族費は税金の心配がいらない。また、天皇家と違い、祭祀費や恩賜金は少なくて済む。一方で、水道光熱費や電話代、場合によっては地方への交通費も御手元金（皇族費）から払わなければならない。子供たちの学習院の授業料も皇族費からだ。

天皇家と比べると宮家の暮らしは、ぐっと一般人に近い。自分自身の財布で買い物をすることも、銀座で飲むこともある。

二四八九万円の生活費は庶民と比べれば豊かだが、皇族という身分から生じる経費を考えると、潤沢とまでは言えないのではないか。民間の資産家の中には宮家皇族以上の暮らしをする人は多いはずだ。

表16に、新憲法施行後から現在までの皇族費（当主の定額）の推移を記した。六八年の「一割ルール」制定後、皇族費についても同ルールが適用されている。つまり、人件費は人事院勧告を基にした国家公務員給与改善率、物件費は消費者物価指数（東京都区

部総合）を利用し、増額分が、定額の一割を超える場合、改定する——という基準が使われる。計算方法も内廷費と同じだ。

ただ、皇族費は内廷費がアップした時に同時に上げるのが慣例になっている。皇族費が単独でアップしたのは、一割ルール制定前の一九六五年の一回だけだ。

表16　皇族費定額の変遷

改定年度	皇族費の定額	アップ率
1947	20万円	
1948	36万円	80.0%
1949	65万円	80.6%
1951	73万円	12.3%
1952	140万円	91.8%
1953	190万円	35.7%
1958	300万円	57.9%
1961	420万円	40.0%
1963	470万円	11.9%
1964	510万円	8.5%
1965	620万円	21.6%
1968	720万円	16.1%
一割ルールの制定（1968年12月）		
1970	830万円	15.3%
1972	1000万円	20.5%
1974	1210万円	21.0%
1975	1530万円	26.4%
1977	1760万円	15.0%
1980	2040万円	15.9%
1984	2360万円	15.7%
1990	2710万円	14.8%
1996	3050万円	12.5%

2　宮さま「経営」の宴会場——増額の裏面

運転手が安月給で辞めた

新憲法施行の初年度、一九四七年度の皇族費定額は二〇万円だった。当時、夫婦二人の宮家の生活費が四〇万円かかり、三〇万円（七五％）を皇族費でカバーすると想定された。当主に定額、妃殿下にその半額が支給されるから、定額を二〇万円とし、夫婦合わせた皇族費が三〇万円になるように設定されたのである。

初年度の定額二〇万円から、現在の三〇五〇万円まで、皇族費は一五二・五倍に増加している。内廷費は八〇〇万円から三億二四〇〇万円まで四〇・五倍でしかない。皇族費の伸びがいかに大きいかが分かる。

生活費の二五％を自力で稼ぐことを求められた宮家だが、現実は簡単ではなかった。肺結核を患っていた秩父宮さまは静岡県御殿場市の別邸で療養し、五三年に亡くなった。高松宮さまはＧＨＱや経済界の関係者と盛んに社交に励んだが、それ自体は収入にはならない。三笠宮さまは東大文学部の研究生になり、古代オリエント学を学ぶ道を選んだ。五五年に東京女子大などの講師となってからは若干の別収入の道も開けたが、それ以前は子供を抱えた学究の徒で、定収はなかった。二五%を独自に稼ぐ「建前」も現実は厳しかったのだ。生活をしのぐために各宮家が伝来の宝物類を売却した例も多い。高松宮家では、神奈川県葉山町の別邸を人に貸して収入を得ていた。

宮家には住まいが提供されないことも苦しさの要因だった。秩父宮さまの逝去後、勢津子妃は御殿場から港区青山に移り、宮内庁が宮邸を提供したが、これは例外的な扱いだった。高松宮家は同区高輪、三笠宮家は品川区上大崎に宮邸を持ち、建物はともに私有だった。いずれも都心に近く固定資産税が重くのしかかった。さらに両家とも土地は国、民間から借りていたから借地料も払わなければならなかった。

六〇年代前半までの宮家の苦しさを示す逸話にはこと欠かない。三笠宮家では雇った運転手に七〇〇〇円の月給しか払えず、子供を持つ運転手は「これでは暮らしていけない」と辞めてしまった。このため、三笠宮さまは大学まで電車で通勤していた(五八年二月、衆議院予算委員会第一分科会でのやり取り)。

上大崎の三笠宮邸は、戦後買ったかなり古い物件だった。雨漏りがひどく、体面も悪いため、三笠宮さまは客とは千代田区三番町の宮内庁分室で会っていた。青山の秩父宮邸にしても、かなり古いものだった。外国の大使が玄関まであいさつに来たものの、「プリンセスが住む家と思えない」と引き返したエピソードが残っている。こうした思い出話はよく年輩の宮務官から聞かされた。

宮家の財布を公表

宮家の扱いを改善しようと考えた宮内庁は、各家の収支を公開することで、国会の理解を得ようとした。

表17は、宮内庁が一九五八年三月に国会に提出した資料から作成した各宮家の年間収支である。この時期、外国交際が増大したほか、社会の安定とともに皇族の役割が増して活動が増えた背景があるが、いずれも赤字である。

「その他の収入」のほとんどは、有価証券からの収益で、高松宮家だけが葉山別邸を貸した不動産収入（約五〇万円）を含んでいた。三宮家の全収入に対する皇族費の割合は

表17　1958年当時の宮家の収支状況

	支出(A)	収入(B)		赤字(A—B)
		皇族費	その他の収入	
秩父宮家	306万円	247万円		59万円
		190万円	57万円	
高松宮家	560万円	394万円		166万円
		285万円	109万円	
三笠宮家	474万円	440万円		34万円
		380万円	60万円	

平均七九％。敗戦直後に想定された七五％より増えているが、まだ皇族費が占める割合は少ない。「私経済」とされる宮家の財布を公表するのは異例のことで、裏を返せばいかに苦しい実態だったかを示すものといえる。

光輪閣問題

宮家経済では戦後、もう一つ、宮内庁を悩ます問題があった。高輪の高松宮邸の敷地にあった「光輪閣」という宴会場（社交場）を巡ってである。

同宮邸は一九三〇年に結婚した高松宮夫妻が住み始め、大きな戦災被害も受けず、今も妃殿下が住み続ける伝統ある場所であるが、土地所有権の変遷は複雑だ。宮家は戦後、皇室財産の整理で土地を国に物納。しかし、夫妻は四八年と六一年に一部を買い戻した。

こうした経緯から東側約一万一四〇〇平方メートルが国有財産、西側約九九〇〇平方メートルが宮家の私有財産となっていた。宮さまは、敷地にあった小さな建物を宮邸とし、戦前は宮邸の中心だった光輪閣の名の建物を社交場としたのである。

光輪閣の営業は四九年から始まっていたが、「宮さまが宴会場を『経営』している」と問題になったのは五八年だ。実際は、財界の重鎮約一〇〇人が「光輪俱楽部」という組織をつくり、高松宮家から建物を借りて営業していたのであって、宮家が直接経営していたわけではない。

五八年当時、建物の固定資産税が約一五八万円、国への借地料が約六三万円だった。光輪俱楽部は宮家に賃貸料を払わない代わりに、固定資産税と借地料を負担。さらに、宮家が忙しい時には光輪俱楽部の職員が宮家を手伝うほか、宮さまが要人と会う際は光輪閣を使った。宮家自体が収益を得ていたわけではないが、社交活動の拠点として光輪閣を利用できるメリットは大きかった。

しかし、光輪俱楽部が肩代わりする固定資産税と借地料は、本来、まずは宮家の収入として税務処理しなければならないものだ。それを申告していなかったため「脱税ではないか」との批判も出た。宮内庁は対応に苦慮したが、皇族費が少ない現状から、黙認するほかはなかった。

国が宮邸提供へ

宮内庁は一九五〇年代後半から六〇年代にかけて、金と人の手当てを厚くする努力を続けた。皇族費アップを続ける他にも、宮家付の国家公務員を増員した。五〇年代前半まで、事務官と運転手の二人しか派遣されていなかったが、宮内庁は徐々に増員し、宮家の人件費負担を減らしていった。

さらに六八年、宮家皇族の住宅は国が提供する原則を決めた。一割ルールを定めた「皇室経済に関する懇談会」が同ルールと併せて決定したものだ。それ以後、三笠宮邸が七〇年、秩父宮邸が七二年、高松宮邸が七三年、結婚のために六四年に独立した常陸宮邸が七六年に完成。宮家の住宅に関する負担は大幅に減少した。

新高松宮邸完成に伴い、物議を醸した光輪倶楽部は七一年に活動を停止し、光輪閣の建物も取り壊された。

「非公式」な皇族費

一九七〇年代以降、皇族費も増額し、宮家の生活にも余裕が生まれた。そのため皇族の活動に専念しても生活に困ることはなくなった。高度経済成長によって日本が豊かになり、敗戦直後は賄えなかった宮家皇族の暮らしを国が負担する余裕ができたと見ることもできよう。ただ、前に見たように、皇族費は内廷費と比べると今も潤沢ではない。この点はどうなっているのだろう。

実は「非公式」な皇族費と呼んでいいような予算がある。宮廷費の中の「交際費」である。宮内庁が公開した「支出決定簿」で確認したところ、交際費のかなりの部分が宮家関係であることが分かった。

二〇〇一年宮廷費の交際費の支出項目は全部で三一四件。そのうち、七月二三日に支出の「寛仁親王殿下三内丸山遺跡特別フォーラム外御臨席（青森）」など各宮家の具体的な地方訪問名目なのが一〇〇件、「宮家渡交際費」とだけ記されているものが一九件あり、これらを合わせた一一九件（三八％）が明らかに宮家関係だった。他にも、非公開項目が一八八件あり、この中にも宮家関係がある可能性がある。

この年度の交際費全体の支出が五四三八万円だから、この金額の三八％が宮家関係と推定すると、二一〇〇万円程度になる。七宮家で割ると、一宮家あたり約三〇〇万円。交際費の一部が宮家用だと宮内庁は過去に説明してはいる。宮家への経済支援増大のために考え出された運用であろう。

3 「皇室」でない皇族――曖昧な財布の出入り

土地長者の宮さまたち

第四章（天皇家の財産）で、天皇家には「私有財産を持たず」の原則があり、不動産は持つことができないと書いた。日本国憲法八八条に「すべて皇室財産は、国に属する」と明記してある。

ところが、宮家の皇族の場合、不動産を所有できる。政府解釈によると、八八条の「皇室財産」が指す「皇室」とは、狭義の皇室、つまり天皇家だけを指す。宮家は同条の「皇室」ではないという。

所有不動産を高松宮家で見てみよう。一九八七年の高松宮さまの逝去時、高輪の宮邸のうち私有の土地（約九九〇〇平方メートル）と建物の評価額は三四九億円、神奈川県葉山町の別邸の土地（約一万五五〇〇平方メートル）と建物は約一五億円だった。

喜久子妃がそのまま相続すると、課税額は莫大になる。そこで、喜久子妃は、高輪の私有地の大部分（八一〇四平方メートル）を国に寄付する形にし、課税問題を回避した。国はこれを皇室用財産とし、引き続き宮邸として提供し続けている。実態は変わりがないが、所有権は再び国に戻った。また、喜久子妃は、葉山別邸を住友信託銀行に売却し、相続税の支払いに充てた。課税遺産額は四一億三五一四万円で相続税額は約一四億円だった。

秩父宮家も御殿場市の別邸（約五万七〇〇〇平方メートル、評価額約一億八〇〇〇万円）を持ち続けていた。九五年の勢津子妃の逝去で同家は廃絶したが、遺族は別邸を御殿場市に寄付して相続税支払いを軽減した。この時の遺産額は約　六億円。御殿場別邸は二〇〇三年四月に秩父宮記念公園としてオープンした。

昭和天皇の遺産額は、弟の高松宮さまより少なく、弟嫁の秩父宮妃とあまり変わらなかった。これは、宮家が不動産を所有でき、またバブルによる土地高騰のあおりで資産が膨らんだという要因があったためだった。

宮家の事業は可能か

一九六八年に国が宮邸を提供すると決めてから、宮家が不動産を持つ理由は見当たらなくなった。現在、高松宮家には、高輪の宮邸の南側の土地約一八〇〇平方メートルが私有地として残っているほか、三笠宮家も軽井沢に別荘を持つ。一方で戦後、創設された宮家は大きな不動産を持っていない。

しかし、宮家が不動産など巨大な財産を持つことは禁止されていない。過度の財産集中が違憲とされる天皇家と違い、宮家の財産形成が無制限なのかどうかは、はっきりはしていないのだ。

「すべて皇室財産は、国に属する」とする憲法八八条の規定は宮家を含まないという見解を政府が保持する限り、宮家の財産所有を規制する明文はない。宮家皇族が会社を作って利益をあげることも、法的には不可能ではない。突き詰めると宮さまたちの良識に任されているというわけだ。

宮家の譲受・賜与制限

しかし一方、宮家にも譲受（献上）、賜与の制限があるなど規制の網はある。「皇室に財産を譲り渡し、又は皇室が、財産を譲り受け、若しくは賜与することは、国会の議決に基かなければならない」（日本国憲法八条）でいう「皇室」の場合は、宮家も含まれるのだ。憲法解釈の難しい点である。

表18　宮家皇族の譲受と賜与の制限額の推移

改定年度	譲受、賜与の制限	
	成年	未成年
1947年	15万円	
1964年	60万円	15万円
1972年	90万円	20万円
1984年	160万円	35万円

表18に、宮家皇族の譲受、賜与の制限額の推移を挙げた。天皇家と違い、皇族一人ずつの制限額があり、成年、未成年で額が違う。また、過去、三回しか改定されていない。現在の制限額は譲受、賜与とも成年一六〇万円、未成年三

五万円だ。

宮家皇族に関する金銭授受制限の運用は、天皇家以上に不透明である。宮家の場合、譲受も賜与も宮内庁総務課を通さなくていい。財産授受があっても届け出がなければ、宮内庁は把握することはできない。

競輪・競艇の宮杯問題

この点に関連し、一九九五年九月、競輪、競艇における宮杯での謝礼が、献上制限に抵触するという問題が明るみになった。

滋賀県の大津市営びわこ競輪の「高松宮杯」で、主催者の同市が長年、高松宮家に現金を手渡していた。九五年の謝礼は一〇〇〇万円。市長と市議会議長らが新札で九センチの厚さの現金をカバンに入れて宮邸に持参するのが恒例だった。包みの和紙には「上」と墨書され、大津市の関係者は「包み方も皇室用があって、間違いのないよう気を使った」と、地元の新聞記者に打ち明けていた。

「高松宮杯」は八八年まで大津市と滋賀県が交代で開催しており、滋賀県、および運営を委託されている近畿自転車競技会からの分を合わせ、びわこ競輪関係の謝礼は七一年以降、一億〇二七五万円に達していた。

高松宮家は、大阪市の住之江競艇場で開かれる「高松宮記念特別競走」でも、大阪府箕面市など一七市が関係する「大阪競艇施行者協議会」から七八年以降、計二〇〇〇万円を受け取っていた。さらに、寛仁親王家も、前橋市営競輪の「寛仁親王牌」で同市と関東自転車競技会から九二年以降、計二二〇〇万円を受け取っていた。

謝礼が、皇族方のお車代（交通費）や記念品代など実費弁償の場合、「私的経済行為」になるから、献上に当たらない。問題だったのは、宮杯という名義貸しだけで、社会常識以上の高額謝礼を受け取っていたことだ。

宮内庁は、金銭授受が皇室経済法に抵触すると判断。高松宮、寛仁親王の両家は、びわこ競輪、住之江競艇、前橋競輪に絡んだ謝礼計一億四四七五万円を贈り主に返還した。藤森昭一・宮内庁長官（当時）は「宮家で使う金としてではなく、公共のために寄付するご意向だった」との認識を示した。税制上の問題についても、「国会の議決を経ない金銭授受は無効で、経済的成果が、行為の無効性によって失われた場合、課税されない」

との国税庁見解を理由に、謝礼返還だけで問題が解決すると強調した。

タニマチ体質

問題は一応決着したが、宮家経済の曖昧さが根本的に解決したわけではない。

週刊誌『アエラ』（一九九五年一〇月二三日号）は、「二〇年近く前」に、ある団体が国際見本市を開き、テープカットに皇族を招いた際、「年輩の宮様なら『六〇万円』といわれ、『格下』の宮様を招いたところ、一〇万〜二〇万円ほど安く済んだ」とのエピソードを紹介している。

皇族へのこうした包み金の実態は不透明である。実費弁償に加え、会場に出向くことへの「労働への対価」（日当）の意味があるのだろうから、どこからが制限を超える「献上」なのか、クリアな線引きはない。

宮内庁は公式には、「公務への対価はない」との立場をとり、お車代、記念品代以上の金銭受領はないとしている。「日当」や名誉総裁職への「報酬」はあり得ないのだという。けれども九七年一二月、桂宮さまが「大日本農会」「大日本山林会」の総裁についていることに対し、それぞれ五〇万円の役員報酬を受け取っていたことが判明した。宮さまは両団体の表彰式に出席しており、その対価と考えることもできたが、宮内庁は「返却してほしい」とアドバイスし、決着させた。

宮内庁の「建前」はともかく、曖昧な「包み金」の実態は他にもある可能性が大きい。バブル期、皇族を招く側にタニマチ的な体質が広がり、謝礼額が大きくなっていったことも影響しているのだろう。

弱いチェック機能

宮内庁が宮家財政をチェックする機能は弱い。宮家には、事務を統括する宮内庁の国家公務員（宮務官）がいるが、経理専門の職員はいない。宮家財政のある程度は宮務官が把握しているが、口出しする権限はない。税務当局が調査に入ることもまずない。

宮杯問題の後、宮家の皇族を補佐する宮内庁の責任者「宮務主管」が、一般職から、定年がなく外部から人材を登用できる特別職になった。宮家の「相談役」としての機能を高めたと、当時の宮内庁は胸を張った。だが、問題が起こった当時から現在まで、宮務主管は同じ人物（樋口英昭氏）が務めるなど実態は何も変わっていないようだ。

ナマズか、晩餐会か

問題を突き詰めると、宮家経済を国がどこまで支えるのか、敗戦直後からの模索の答えが完全には決着していないことが指摘できよう。宮家の位置付けの曖昧さは金銭面にとどまらない。宮家の役割とは何かという根源的な問題に行き着く。

敗戦直後に比べると、宮家独自の活動より、天皇家を補佐する公務が増えている。けれども、宮家皇族が、天皇家をどの程度、補佐すべきなのか、コンセンサスはない。

一例を挙げよう。一九九六年四月、当時のクリントン米大統領が来日した際、秋篠宮さまはナマズ研究のためタイを訪問する日程を優先させ、宮中晩餐会を欠席した。ナマズの研究は私的な活動だ。晩餐会は国賓を歓迎する大事な行事であり、天皇、皇太子が、私的な理由で欠席することはあり得ない。

この時、私は当時勤めていた毎日新聞紙上で「ナマズのためなら」との見出しを打った批判的な記事を書いた。宮内庁は、「新年祝賀の儀など他の国事行為の儀式でも、宮家皇族が私的な都合で欠席した前例がある」「タイ訪問は先方政府が関係する準公的なもので、天皇陛下も了承している」と反論してきた。

宮家と宮内庁

宮家は一般に想像されるよりも宮内庁とは離れた関係にある。

例えば、高円宮さまが亡くなった時、宮内庁は宮さまがいつ健康診断を受けたのかも把握していなかった。皇族は、労働安全衛生法が適用される労働者ではないから、年に一度の健康診断が義務付けられるわけではないし、住民票もないから市町村の健康診断も受けられない。本来は宮内庁が健康管理を行って然るべきだが、何もしていなかった。ある宮務官は「宮家は宮内庁から放っておかれているのが実情」と告白した。

最近は少なくなったが、宮家皇族が「ゴルフ場の名誉顧問になっている」「問題のある団体の行事に出席した」……と活動の負の側面が報じられることがある。宮家のあり方を明確化しない限り、こうした問題はなくならないのではないだろうか。

皇籍離脱の一時金

最後になるが、皇族費には、毎年の歳費の他に、身分を離れる場合と、初めて独立の生計を営む場合の一時金があることを付記しておく。

結婚などで皇族の身分を離れる場合、皇室経済法の規定から、その皇族が年額で得られる額の一〇倍を超えない範囲で、一時金が払われる。前例では、結婚して天皇家から出た場合は満額の一〇倍、宮家からの場合は九倍となっている。

紀宮さまが将来、結婚する時の例を考えよう。内親王が独立の生計を営んだ場合、皇族費の当主の定額（三〇五〇万円）の二分の一（一五二五万円）が支払われるという規定から、その一〇倍、つまり一億五二五〇万円が一時金となる。

皇族が初めて独立の生計を持った時は、当主の定額の二倍の一時金が払われる。秋篠宮さまが紀子妃と結婚した時（一九九〇年六月）は、ご夫妻は当時の定額（二七一〇万円）の二倍の五四二〇万円を一時金として受け取った。

終章　国会と皇室経済会議

美智子さまの単独海外旅行

美智子さまは二〇〇二年九月二八日から一〇月三日、スイス・バーゼル市で開かれた国際児童図書評議会（ＩＢＢＹ）創立五〇周年記念大会に出席した。皇后が単身で外国旅行するのは初めてだった。

この旅行は「私的行為」と位置付けられた。政府専用機ではなく、日本航空の定期便を利用。随員も極力少なく絞った。通常の公式訪問では、羽田空港で三権の長らの見送りを受ける。しかし、この時は御所を発つ際、天皇陛下ら家族と宮内庁職員に見送られただけだ。

私的な旅行だから、皇后自身の航空運賃、宿泊代……と経費のコアの部分は内廷費である。美智子さまはＩＢＢＹに招待された。休暇を過ごしたわけでも、遊びに行ったわけでもないのに、なぜだろう。

美智子さまは、絵本『はじめてのやまのぼり』（一九九一年）を出版しているほか、自ら英訳して、詩人まど・みちお氏の詩集『どうぶつたち』（九二年）、『ふしぎなポケット』（九八年）を編集している。いずれも美智子さま自身の「発意」によるもので、個人的な思いが出発点になっている。

スイスでは、大会名誉総裁として約二〇分、スピーチをした。疎開時代に絵本と出会った体験のほか、「貧困をはじめとする経済的、社会的な要因により、本ばかりか文字からすら遠ざけられている子どもたちや、紛争の地で日々を不安の中に過ごす子どもたちが、あまりにも多いことに胸を塞がれます」と国際社会の現状に懸念を示す踏み込んだ内容だった。

皇后が、個人的な体験を公の場で話すのは異例だ。このことは、個人的な思いから活動が始まったこととともに、旅行が「私的行為」と位置付けられた大きな要因になった。

広がる女性皇族の活動

女性皇族の役割増大という皇室の新しい側面を、宮内庁は捉え切れていない。平成に入り、紀宮さまが一二カ国を公式訪問するなど、女性皇族の役割は人幅に増えている。美智子さまのＩＢＢＹ大会出席もこうした流れの一環だ。

「女性は家庭で」との意識が強い時代に作られた皇室経済法など現行法規は、皇后が自らの発意で新たな社会活動を行うことや、単独の海外旅行、個人的な体験のスピーチ……という事態を想定していない。

メディアは、皇后初の単独海外旅行には注目したが、費用が内廷費だったことをほとんど報じなかった。無難に「私的旅行」と位置付けておけば議論せずに済む。宮内庁が内廷費による旅行としたのは、そのためではと疑ってみたくもなる。

不勉強な国会議員

似たような問題は二〇〇三年一月、天皇陛下が前立腺がんで東大病院に入院した時も感じた。一九九七年に美智子さまが帯状疱疹で東京逓信病院に入院した時は内廷費だったが、天皇陛下の時は宮廷費から数千万円が払われたという。病気は私的なものだからどちらも内廷費で、との議論も起こり得る。皇后の入院は内廷費で、天皇は宮廷費というのは分かりづらい。

本来、こうした点を議論すべきなのは国会のはずである。しかし、最近では皇室経済が議題になることがほとんどない。

国会図書館がインターネット上に開設している「国会会議録検索システム」を使って、「内廷費」をキーワードに検索してみると、ヒットする会議は一九五〇年代が七〇件、六〇年代が六八件、七〇年代が五八件、八〇年代が四四件、九〇年代が三九件と、年々減っている。最近、「内廷費」の言葉が出るのは予算案説明の時だけの年も多い。

二〇〇二年一一月、衆議院憲法調査会は七〇六ページの中間報告書を発表したが、皇室経済に触れたのはたった四行。第五章で取り上げた奥野誠亮氏の献上、賜与についての発言だけである。

頻度だけでなく、審議内容にも問題がある。国学院大学教授、大原康男氏編著の『詳録・皇室をめぐる国会論議』が指摘しているところを引用しよう。

「質問する議員の側にも問題がないわけではない。過去に何度も何度も質疑がなされて、答弁内容も既に定型化していることがら（たとえば、『天皇は元首であるのか』）を繰り返したり、不勉強な上に思いつきとしか思われない質問をぶつけたり、いたずらに言葉尻をとらえて曲解したりするようなことがしばしば見られる」

月のさわり

一九八〇年代の行政改革、近年の省庁再編など、国の行政組織はスリム化の波を受けてきた。香淳皇后の逝去後、宮内庁でも皇太后宮職がなくなり、定員は三〇人以上減った。平成への代替わりでも多少の業務見直しはあった。ただ、根本的な改革はこれからだ。

伝統の世界では改革が難しい。宮内庁職員から制度を変える困難さを象徴する次のような話を聞いたことがある。

「オクの女性職員は、女官―女孺―雑仕と『階級』がある。皇族が飲み物をこぼした時、テーブルを拭く女性と、床を拭く女性は異なり、同じ女性が布巾と雑巾の両方を扱えない。こうした古い慣習は数多くあり、職員を減らす際の妨げになっている」

同じような話は敗戦直後にもあった。職員減員の大ナタがふるわれようとした時、昭和天皇は「女官を減員する場合には、月のさわり及び死の忌の為勤務不能となる従来の慣例あることを注意せよ」（木下道雄『側近日誌』、一九四五年一〇月二四日）と述べた。「月のさわり」とは、穢れ思想のため、生理中の女性は、天皇周辺での勤務ができない習慣を言っている。

「皇室の不合理をすべて解消せよ」とか「宮内庁職員を減員しろ」と言っているわけではない。残すべき伝統もあるだろうし、増員すべき部署もあるだろう。

現状は、議論がないまま前例踏襲の面が強い。二一世紀の皇室はどんな役割が望まれ、何に予算をつけ、どれを削るか。議論をすべき国会がうまく機能していないのだ。

七分間の「会議」

皇室経済について、国会の場とは別に「皇室経済会議」という意思決定機関がある。首相、財務相、衆参両院の正副議長、宮内庁長官、会計検査院長の八人の議員からなり、内廷費改定の必要がある場合や、皇族が独立する時に開催され、意見を内閣に提出することになっている。政党間の対立がある国会では審議がしづらい議題があることを考慮して設置されている。

内廷費、皇族費の増額が議決された一九九五年一二月一八日の議事録が、今回の情報開示請求に対して公開された。内容を見ると、皇室経済会議がいかに形骸化しているかの実態がよく分かる。

まず、説明員である角田素文・皇室経済主管（当時）らが増額の理由を説明した後、武村正義蔵相（同）が「最近における経済情勢を勘案しますと、（内定費、皇族費を）増額することが適当であると存じます」と意見を述べた。議長の村山富市首相（同）が、質問と意見がないかと計三回尋ねたが、いずれもなく全員が起立し議決している。開会が午前一〇時一分で、閉会は同八分の正味七分。審議というより儀式と言った方が正しい。

九〇年以降、皇室経済会議が開催されたのは、このほか、秋篠宮さまの結婚前（九〇年六月）、高円宮さまが亡くなり久子妃を当主扱いとすることを決めた時（二〇〇二年一二月）の計三回である。特に、後者の会議は実際には開催されず、議員から署名だけ求める「持ち回り」方式だった。

形骸化は発足当初からの問題だったようだ。新憲法施行後およそ二年にわたって参議院副議長の立場で会議のメンバーだった松本治一郎氏（社会党）は会議の様子について、次のように回想している。

「私の知っている範囲では、会議とは名ばかりで、宮内庁関係の人たちが仕組んだとおりに行なわれているのであります。（略）何らの質問、討論なく決しましたから、私は反対だが、数で敗れたとすればせんないと思い、宮内庁の人々にこの金は国民の汗の税金だから心して使うよう伝えてくれと言ったのであります。そのときの議長（首相）は芦田均君であったから、私は、芦田君乱暴きわまる決定ではないかと言い寄りまするると、芦田君が言うのに、ここは別天地ですよ、君の反対する気持はよく私にもわかると言ったのであります」（一九六二年二月、参議院内閣委員会）

皇室経済「審議会」を

そもそも皇室経済会議は「皇室経済法及び他の法律に基く権限」のみを審議すること

になっており、それ以外は禁じられている。自由に審議ができない法的制約がある。

それならば、皇室経済について話し合う審議会をつくったらどうだろう。作家の猪瀬直樹氏らが道路行政について侃々諤々の議論をした道路関係四公団民営化推進委員会（二〇〇二年）のような場を皇室経済もつくるのである。

前例もある。内廷費の増額方式（一割ルール）を決めた一九六八年の「皇室経済に関する懇談会」は、皇室経済会議のメンバーに当時宮内庁を所管していた総務長官を加えた「審議会」だった。もちろん、民間人を含めもっと多様な人を登用し、審議内容もできるだけ公開するなどの新しい原則が必要だ。

大嘗祭（一九九〇年）への公費支出が問題になった時、政府は、正副官房長官に内閣法制局長官、宮内庁長官を加えた「即位の礼準備委員会」をつくった。学者から意見を聴取するなどしたが、所詮は政府の内部組織。議論を封じる役割を演じた面が強かった。

審議会は、逆の理念で、議論を広げながら政策提言を行っていく組織が望ましい。そこでの審議を受け、国会、皇室経済会議の機能が活性化すれば理想的だろう。

皇室典範改定論議とともに

本書は皇室経済の様々な現状を検証してきた。宮廷費には皇室が何をどこまで抱えるかの問題があるし、内廷費には額改定の仕組み、献上・賜与のチェック方法を見直す余地がある。皇族費にしても宮家のあり方をどうするのかなど根本的な議論が必要だ。今後、女性天皇の是非にからみ皇室典範改定の議論が浮上してくるだろう。この時には皇室経済を巡る問題点もじっくり議論されるべきだ。

私たちには苦い失敗がある。占領軍の「圧力」の中で、急ごしらえで皇室制度を手直ししたため、いろいろな面で不合理や矛盾が生じてしまったことである。同じ過ちを繰り返さないためにも、問題点の整理から始め、新しい時代の天皇制はどんな機能が求められるのか……と原点からの議論が必要だ。

議論に必要なものは情報である。情報公開制度の制定で皇室の透明性も高まっていることを、本書はある程度、示せたと思う。情報を集めたら、それをどう使うかだ。天皇制をタブー視して何も論じない時代は終わりにしよう。

おわりに

私は今、ワシントンで米国政治と国際情勢をウォッチすることを記者活動の日常にしている。天皇制とまったく関係ないように見えるこの仕事のお陰で、日本の皇室を広い視野から見るようになった。

ここ数年、アフガニスタンでは旧王制の流れを汲むカルザイ氏が大統領に就任し、ブルガリアで共産党政権前の元国王シメオン二世が首相として「復活」するなど、国家が危機の際には「王権」が力を発揮する国際的事件と遭遇してきた。

フランコ総統死去後のスペイン王政復活、ポル・ポト政権後のカンボジアでのシアヌーク国王再即位など、「王権」が国家の安定を担保することは珍しくはない。日本の天皇制も、後醍醐朝や明治維新、敗戦直後などの変革期に、継続性と安定性を創出する制度として機能した過去がある。

現在の日本は、天皇制が前面に出なければならないほどの「大変革」の時代とまでは言えないが、中央から地方へ、官から民へ、情報公開による行政の透明性拡大など、国家機能の奥深いところの変革が進んでいる。国と国民の関係の変化に併せ、皇室も時代とともに役割を見直していくのは当然のことだろう。

本書は、情報公開制度を使って皇室経済を分析するという初めての試みだったが、本文中、何度か指摘した通り大沢覚氏が苦労して作った二冊の資料集が大変、役に立った。また、一九六六年に出版された黒田久太氏の『天皇家の財産』も参考になった。お二人の先行研究に深く敬意を表したい。そして最後まで読み通していただいた読者の皆さんにも同様に感謝したい。

本書で指摘した皇室経済の問題点が、今後の議論の助けになることを期待して、筆を擱くことにする。

二〇〇三年六月

森　暢平

資料

1　日本国憲法（抄）

第一条【天皇の地位・国民主権】天皇は、日本国の象徴であり日本国民統合の象徴であつて、この地位は、主権の存する日本国民の総意に基く。

第二条【皇位の継承】皇位は、世襲のものであつて、国会の議決した皇室典範の定めるところにより、これを継承する。

第三条【天皇の国事行為と内閣の責任】天皇の国事に関するすべての行為には、内閣の助言と承認を必要とし、内閣が、その責任を負ふ。

第四条【天皇の権能の限界、天皇の国事行為の委任】①　天皇は、この憲法の定める国事に関する行為のみを行ひ、国政に関する権能を有しない。

②　天皇は、法律の定めるところによりその国事に関する行為を委任することができる。

第五条【摂政】皇室典範の定めるところにより摂政を置くときは、摂政は、天皇の名でその国事に関する行為を行ふ。この場合には、前条第一項の規定を準用する。

第六条【天皇の任命権】①　天皇は、国会の指名に基いて、内閣総理大臣を任命する。
②　天皇は、内閣の指名に基いて、最高裁判所の長たる裁判官を任命する。
第七条【天皇の国事行為】天皇は、内閣の助言と承認により、国民のために、左の国事に関する行為を行ふ。
一　憲法改正、法律、政令及び条約を公布すること。
二　国会を召集すること。
三　衆議院を解散すること。
四　国会議員の総選挙の施行を公示すること。
五　国務大臣及び法律の定めるその他の官吏の任免並びに全権委任状及び大使及び公使の信任状を認証すること。
六　大赦、特赦、減刑、刑の執行の免除及び復権を認証すること。
七　栄典を授与すること。
八　批准書及び法律の定めるその他の外交文書を認証すること。
九　外国の大使及び公使を接受すること。
十　儀式を行ふこと。

第八条【皇室の財産授受の制限】皇室に財産を譲り渡し、又は皇室が、財産を譲り受け、若しくは賜与することは、国会の議決に基かなければならない。

第八八条【皇室財産・皇室費用】すべて皇室財産は、国に属する。すべて皇室の費用は、予算に計上して国会の議決を経なければならない。

2 皇室経済法

第一条 削除

第二条【国会の個別的決議不要の財産授受】左の各号の一に該当する場合においては、その度ごとに国会の議決を経なくても、皇室に財産を譲り渡し、又は皇室が財産を譲り受け、若しくは賜与することができる。

一 相当の対価による売買等通常の私的経済行為に係る場合

二 外国交際のための儀礼上の贈答に係る場合

三 公共のためになす遺贈又は遺産の賜与に係る場合

四 前各号に掲げる場合を除く外、毎年四日一日から翌年三月三十一日までの期間内に、皇室が

なす賜与又は譲受に係る財産の価額が、別に法律で定める一定価額に達するに至るまでの場合

第三条【皇室費用の種類】予算に計上する皇室の費用は、これを内廷費、宮廷費及び皇族費とする。

第四条【内廷費】①　内廷費は、天皇並びに皇后、太皇太后、皇太后、皇太子、皇太子妃、皇太孫、皇太孫妃及び内廷にあるその他の皇族の日常の費用その他内廷諸費に充てるものとし、別に法律で定める定額を、毎年支出するものとする。

②　内廷費として支出されたものは、御手元金となるものとし、宮内庁の経理に属する公金としない。

③　皇室経済会議は、第一項の定額について、変更の必要があると認めるときは、これに関する意見を内閣に提出しなければならない。

④　前項の意見の提出があつたときは、内閣は、その内容をなるべく速かに国会に報告しなければならない。

第五条【宮廷費】宮廷費は、内廷諸費以外の宮廷諸費に充てるものとし、宮内庁で、これを経理する。

第六条【皇族費】①　皇族費は、皇族としての品位保持の資に充てるために、年額により毎年支出

するもの及び皇族が初めて独立の生計を営む際に一時金額により支出するもの並びに皇族であつた者としての品位保持の資に充てるために、皇族が皇室典範の定めるところによりその身分を離れる際に一時金額により支出するものとする。その年額又は一時金額は、別に法律で定める定額に基いて、これを算出する。

② 前項の場合において、皇族が初めて独立の生計を営むことの認定は、皇室経済会議の議を経ることを要する。

③ 年額による皇族費は、左の各号並びに第四項及び第五項の規定により算出する額とし、第四条第一項に規定する皇族以外の各皇族に対し、毎年これを支出するものとする。

一 独立の生計を営む親王に対しては、定額相当額の金額とする。

二 前号の親王の妃に対しては、定額の二分の一に相当する額の金額とする。但し、その夫を失つて独立の生計を営む親王妃に対しては、定額相当額の金額とする。この場合において、独立の生計を営むことの認定は、皇室経済会議の議を経ることを要する。

三 独立の生計を営む内親王に対しては、定額の二分の一に相当する額の金額とする。

四 独立の生計を営まない親王、その妃及び内親王に対しては、定額の十分の一に相当する額の金額とする。ただし、成年に達した者に対しては、定額の十分の三に相当する額の金額とする。

五　王、王妃及び女王に対しては、それぞれ前各号の親王、親王妃及び内親王に準じて算出した額の十分の七に相当する額の金額とする。

④　摂政たる皇族に対しては、その在任中は、定額の三倍に相当する額の金額とする。

⑤　同一人が二以上の身分を有するときは、その年額中の多額のものによる。

⑥　皇族が初めて独立の生計を営む際に支出する一時金額による皇族費は、独立の生計を営む皇族について算出する年額の二倍に相当する額の金額とする。

⑦　皇族がその身分を離れる際に支出する一時金額による皇族費は、左の各号に掲げる額を超えない範囲内において、皇室経済会議の議を経て定める金額とする。

一　皇室典範第十一条、第十二条及び第十四条の規定により皇族の身分を離れる者については、独立の生計を営む皇族について算出する年額の十倍に相当する額

二　皇室典範第十三条の規定により皇族の身分を離れる者については、第三項及び第五項の規定により算出する年額の十倍に相当する額。この場合において、成年に達した皇族は、独立の生計を営む皇族とみなす。

⑧　第四条第二項の規定は、皇族費として支出されたものに、これを準用する。

⑨　第四条第三項及び第四項の規定は、第一項の定額に、これを準用する。

第七条【皇位に伴う由緒ある物】皇位とともに伝わるべき由緒ある物は、皇位とともに、皇嗣が、これを受ける。

第八条【皇室経済会議の組織】①　皇室経済会議は、議員八人でこれを組織する。

②　議員は、衆議院及び参議院の議長及び副議長、内閣総理大臣、財務大臣、宮内庁の長並びに会計検査院の長をもつて、これに充てる。

第九条【予備議員】皇室経済会議に、予備議員八人を置く。

第一〇条【定足数及び議決】①　皇室経済会議は、五人以上の議員の出席がなければ、議事を開き議決することができない。

②　皇室経済会議の議事は、過半数でこれを決する。可否同数のときは、議長の決するところによる。

第一一条【皇室典範の準用】①　皇室典範第二十九条、第三十条第三項から第七項まで、第三十一条、第三十三条第一項、第三十六条及び第三十七条の規定は、皇室経済会議に、これを準用する。

②　財務大臣たる議員の予備議員は、財務事務次官をもつて、これに充て、会計検査院の長たる議員の予備議員は、内閣総理大臣の指定する会計検査院の官吏をもつて、これに充てる。

参考文献

芦部信喜・高見勝利編著『皇室経済法〔昭和22年〕』（日本立法資料全集7、信山社出版、一九九二年）
大沢覚編纂『明治期皇室財政統計』（法政大学日本統計研究所、一九九二年）
同『戦前期皇室財政統計――内蔵頭名義の公社債・株券』（同、一九九五年）
大原康男編著『詳録・皇室をめぐる国会論議』（展転社、一九九七年）
川田敬一『近代日本の国家形成と皇室財産』（原書房、二〇〇一年）
木下道雄『側近日誌』（文藝春秋、一九九〇年）
宮内庁編『明治天皇紀』（吉川弘文館、一九六八年～）
同『下総御料牧場史』（非売品、一九七四年）
黒田久太『天皇家の財産』（三一書房、一九六六年）
憲法調査会編『前文・天皇・戦争の放棄・改正・最高法規に関する報告書』（憲法調査会報告書付属文書第7号、大蔵省印刷局、一九六四年）
皇室法研究会編『共同研究　現行皇室法の批判的研究』（神社新報社、一九八七年）
後藤靖・大沢覚解題『帝室統計書』（柏書房、一九九三年）

小堀桂一郎『昭和天皇』（ＰＨＰ研究所、一九九九年）
榊原夏『マッカーサー元帥と昭和天皇』（集英社、二〇〇〇年）
酒巻芳男『皇室制度講話』（岩波書店、一九三四年）
鮫島敦・松葉仁『宮内庁御用達』（日本放送出版協会、二〇〇一年）
清水一郎・畠山和久監修『平成の皇室事典』（毎日新聞社、一九九五年）
園部逸夫『皇室法概論――皇室制度の法理と運用』（第一法規出版、二〇〇二年）
高橋紘『象徴天皇』（岩波書店、一九八七年）
同『天皇家の仕事』（共同通信社、一九九三年）
藤樫準二『増訂　皇室事典』（明玄書房、一九八九年）
同『天皇とともに五十年』（毎日新聞社、一九七七年）
戸田慎太郎『天皇制の経済的基礎分析』（三一書房、一九四七年）
畠山和久『皇室と宮内庁』（教育社、一九七九年）
村上重良編『新装版　皇室辞典』（東京堂出版、一九九三年）
「ジュリスト」九三三号〈特集　象徴天皇制〉（有斐閣、一九八九年）

森　暢平　1964（昭和39）年埼玉県生まれ。京都大学文学部卒。毎日新聞社に入社、社会部で宮内庁、警視庁を担当。現在は琉球新報ワシントン駐在記者として活動するほか、米国情報を各種媒体に発信中。

Ⓢ新潮新書

018

天皇家《てんのうけ》の財布《さいふ》

著者　森《もり》　暢平《ようへい》

2003年6月20日　発行
2003年9月5日　6刷

発行者　佐藤隆信
発行所　株式会社新潮社
〒162-8711　東京都新宿区矢来町71番地
編集部（03）3266-5430　読者係（03）3266-5111
http://www.shinchosha.co.jp

組　版　株式会社ゾーン
印刷所　二光印刷株式会社
製本所　加藤製本株式会社

ISBN4-10-610018-5　C0233